Ina Fliegen

Bewerbungsinterviews in digitalen Zeiten

Ina Fliegen

Bewerbungsinterviews in digitalen Zeiten

13 Tipps für das gute Gelingen von Auswahlgesprächen per Video

Trainerverlag

Imprint

Cover image: www.ingimage.com

Publisher:
Der Trainerverlag
is a trademark of
International Book Market Service Ltd., member of OmniScriptum Publishing Group
17 Meldrum Street, Beau Bassin 71504, Mauritius
Printed at: see last page
ISBN: 978-620-0-76885-8

Bewerbungsinterviews in digitalen Zeiten

13 Tipps für das gute Gelingen von Auswahlgesprächen per Video

Inhalt

Seite

Vorwort

Bewerbungsinterviews per Video – das Thema hat mit dem Ausbruch der COVID 19-Pandemie eine noch größere Wichtigkeit bekommen als bereits zuvor.

In vielen Branchen und Fachbereichen wird weiterhin mit großer Effizienz ausgewählt und eingestellt. Und auch wer wenige Positionen zu besetzen hat, muss sehr sorgfältig auswählen, wer an Bord genommen wird und wer nicht.

Wenn Teile des Auswahlprozesses über digitale Kanäle organisiert werden, kann das die Effizienz der Personalauswal durchaus fördern.

Es bieten sich speziell für das Bewerbungsinterview mehrere Möglichkeiten, z.B.:

- In vorgelagerten Videointerviews beantworten die KandidatInnen eine Reihe von Fragen, die dem Auswahlgremium helfen, eine Vorauswahl zu treffen. Das Gremium schaut sich die Interviews zeitversetzt, also nach der Aufnahme durch die BewerberInnen an und bildet sich ein Urteil.
- Transkribierte Sprachaufnahmen können helfen, die Erfüllung von Musskriterien inhaltlich abzugleichen, wobei hier unbedingt auf die Qualität des Sprachanalyse-Tools geachtet werden muss.
- Telefoninterviews sind geeignet, um bei den BewerberInnen schon vor dem Interview „K.O-Kriterien" abzuklären.
- Videointerviews in Echtzeit können eine Runde Face-to-Face-Interviews ersetzen.
- Das Videointerview kann ein kompletter Ersatz für das „physische/analoge" Interview sein.

Beim Übergang zum digitalen Prozess ist entscheidend, dass die Personalauswahl professionell und sorgfältig gestaltet wird. Damit die digitale Variante zu genauso guten oder sogar besseren Entscheidungen führt wie das analoge Interview, lenken die folgenden 13 Kapitel die Aufmerksamkeit auf jeweils einen wichtigen Aspekt. Am Ende jeden Kapitels werden die wichtigsten Learnings dann noch einmal kurz auf den Punkt gebracht.

1. Sind Online-Interviews wirklich so anders? – Was man im Prozess beachten sollte

1.1 Der Prozess im Überblick

Grundsätzlich soll ein professioneller, systematischer Auswahlprozess sich an den folgenden Schritten orientieren:

Alles beginnt mit der Festlegung des Anforderungsprofils. Als Führungskraft oder Human Resources-Verantwortliche/r müssen Sie zunächst jene Musskriterien für die potenziellen KandidatInnen definieren, bei denen Sie keine Kompromisse zulassen können: Welche Kompetenzen sind unabdingbar für die Besetzung der Stelle? Was müssen KandidatInnen auf jeden Fall mitbringen, um in die engere Auswahl zu gelangen?

Musskriterien als zentrale Anforderungen einer Stelle an die sie besetzende Person können vier Kompetenzklassen zugeordnet werden: fachliche, methodische, persönliche oder soziale Kompetenzen. Nicht alle vier Kompetenzklassen sind bei jeder Stelle gleichermaßen betroffen. Für manch eine Position benötigen StelleninhaberInnen vergleichsweise wenige fachliche Fertigkeiten und geringe Erfahrungen, dafür umso mehr persönliche Kompetenzen wie beispielsweise Zuverlässigkeit, Empathie oder Stressbewältigungskompetenzen. Umgekehrt kann eine Position auch nahezu komplett von der fachlichen Expertise der künftigen Stellenbesetzung abhängen, beispielsweise in der Forschung.

Diese Musskriterien sollten die Auswählenden im Vorfeld gut durchdacht und idealerweise gemeinsam festgelegt haben.

Ohne Musskriterien können Sie keine vernünftigen Urteile fällen und lassen sich im Zweifelsfall zu sehr von Äußerlichkeiten oder persönlich gefärbten Urteilen leiten. Sie wollen bei der Personalauswahl nicht Äpfel mit Birnen vergleichen oder lediglich einem vagen Bauchgefühl vertrauen, sondern Sie wollen die jeweils passendste Person als künftige Stellenbesetzung auswählen.

Nach der Festlegung der Musskriterien geht es zum nächsten Prozessschritt: Die eingehenden Bewerbungsunterlagen und die Lebensläufe aus Matching-Datenbanken oder Sozialen Medien ermöglichen mit Hilfe der Musskriterien ein erstes Screening: Wer könnte generell geeignet sein? Wer soll für die folgenden

Auswahlschritte (z.B. Telefoninterview, vorgelagertes Videointerview, Hospitation, Auswahltest) vorsehen werden? Zu welchen Musskriterien haben wir aus den Unterlagen bereits genügend Informationen? Was müssen wir anhand von weiteren Informationsquellen noch genauer prüfen?

In der dritten, der Ranking- und Entscheidungsphase einigen sich die am Auswahlprozess Beteiligten auf eine/n KandidatIn, wobei Ihnen wieder die Musskriterien helfen. Wer von den Interviewten erfüllt sie in ausreichendem Maß, kann in die engere Auswahl übernommen und möglicherweise später eingestellt werden?

In der Grafik können Sie die Schritte der professionellen Auswahl nachvollziehen:

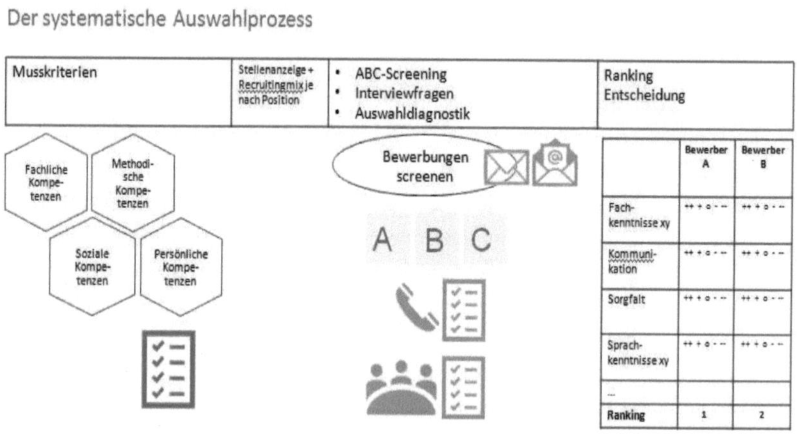

Der systematische Auswahlprozess

Musskriterien	Stellenanzeige + Recruitingmix je nach Position	• ABC-Screening • Interviewfragen • Auswahldiagnostik	Ranking Entscheidung

Fachliche Kompetenzen
Methodische Kompetenzen
Soziale Kompetenzen
Persönliche Kompetenzen

Bewerbungen screenen

A B C

	Bewerber A	Bewerber B
Fachkenntnisse xy	++ + o - --	++ + o - --
Kommunikation	++ + o - --	++ + o - --
Sorgfalt	++ + o - --	++ + o - --
Sprachkenntnisse xy	++ + o - --	++ + o - --
...		
Ranking	1	2

Abb. 1: Der systematische Auswahlprozess (eigene Darstellung)

Als Schritt eins werden die *Musskriterien* festgelegt.

Der normalerweise in der Praxis folgende Zwischenschritt *Stellenanzeige und Recruitingmix* ist nicht Bestandteil des vorliegenden Buches, aber ohne Zweifel ein wichtiger Prozessschritt.

Danach (*ABC-Screening, Interviewfragen, Auswahldiagnostik*) bilden die Musskriterien die Grundlage für die Vorauswahl der Bewerbungen, für die abzuklärenden Punkte in einem Telefoninterview sowie für alle Fragen und Aufgaben in Telefoninterview, Videointerview, Präsenzinterview oder in einem Auswahl-Assessment-Center.

Hat man am Ende der Auswahlphase alle prinzipiell geeigneten KandidatInnen kennengelernt, sollte die Entscheidung für eine Person ebenfalls anhand der Erfüllung von Musskriterien gefällt werden (*Ranking, Entscheidung*). Die Kriterien in der Minitabelle in der Abbildung sind als Beispiel für eine Position zu verstehen. In der Praxis hat jede Stelle ihre eigenen Musskriterien.

Wichtig für den gesamten Prozess ist auch die „Candidate Experience". Sie ist die Summe der Erfahrungen, die BewerberInnen mit dem Unternehmen oder der Organisation an den verschiedenen Kontaktstellen (den sog. „Touchpoints") machen. Ist die Erfahrung positiv, kann sie dazu beitragen, dass ein/e BewerberIn sich bei einem konkreten Vertragsangebot für diesen Arbeitgeber entscheidet.

1.2 Was ändert sich bei teilweiser oder kompletter Digitalisierung des Prozesses?

Wo gibt es Unterschiede, wenn der Prozess vollständig oder in Teilen digital durchgeführt wird?

Der erste Schritt – das Anforderungsprofil definieren und die Musskriterien ableiten – bleibt beim digitalen Prozess genauso wichtig wie beim analogen. Ändern kann sich aber die Methode der Erarbeitung von Musskriterien: Anstelle eines Präsenzmeetings oder -workshops werden sie in einer Videokonferenz oder über Collaboration Tools (gemeinsam bearbeitete Dokumente und Formulare) gemeinsam erarbeitet.

Schritt zwei – das Screening der eigehenden Bewerbungen – kann im digitalen Prozess deutlich beschleunigt werden, wenn die Musskriterien sehr klar sind und als Filter dienen.
Spezielle Apps und Robot Recruiting-Tools können die eingehenden Lebensläufe und Zeugnisse automatisch mit den Musskriterien abgleichen („sog. CV-Parsing")

und aus dem gesamten BewerberInnenpool eine Shortlist der prinzipiell Geeigneten erzeugen. (Natürlich kann man auch weiterhin manuell screenen, wenn keine Parsing-Tools eingesetzt werden.)

Eine elegante und wertschätzende Art des Vorfilterns vor dem persönlichen Kontakt ist auch das Self-Assessment durch die BewerberInnen selbst: Hier können KandidatInnen anhand eines Unternehmensvideos und/oder eines Kultur-Matching-Tools in einer Art Selbsttest prüfen, ob sie sich die eigene Person als MitarbeiterIn dieser Organisation vorstellen können und ob die Organisation ihre Anforderungen an einen guten Arbeitgeber erfüllt oder ihre Wertvorstellungen teilt. Mehr dazu lesen Sie noch in den folgenden Kapiteln.

Die Terminorganisation für die ersten Schritte der Vorfilterung (z.B. für Telefoninterviews oder für vorgelagerte Videointerviews) lässt sich digital über „Scheduling Tools" abwickeln.
Die inhaltlichen Ergebnisse von Sprachnachrichten und Chats können durch Sprachaufzeichnungstools automatisiert in übersichtliche Auswertungen übertragen werden.
Eventuelle Fragen der BewerberInnen können von lernenden Chatbots beantwortet werden.

Im dritten Schritt – dem Ranking der KandidatInnen und der Entscheidung, wem ein Vertrag angeboten wird – hilft ein digitaler Prozess dabei, die Ergebnisse aus allen Teilen der Eignungsprüfung (Unterlagencheck, vorgelagertes Interview, Telefoninterview, eignungsdiagnostische Verfahren, Interview, Fallstudie oder Probearbeit) zu sammeln, aufzubereiten für die Entscheidungsfindung zu visualisieren.

Auch diese Schritte kann man weiterhin manuell und ohne digitale Helfer durchführen, in der Regel dauert der Prozess dann länger.

Die Recruitingpraxis zeigt, dass bei digitalen Prozessen Professionalität bei der Definition der Anforderungen und Transparenz des gesamten Prozesses noch wichtiger sind als bei analogen Prozessen. Werden die Anforderungen falsch oder gar nicht definiert, hilft auch die beste Software nicht. Im Gegenteil können schlecht definierte Anforderungen über digitale Kanäle sogar zu noch schlechteren Entscheidungen führen. Sie reproduzieren dann lediglich die menschlichen Vorurteile und potenzieren sie im schlimmsten Falle. Und Transparenz ist im digitalen Prozess noch wichtiger, weil beim automatisierten Kontakt mit den potenziellen KandidatInnen ohne menschliches Eingreifen manche Korrekturschleifen nicht greifen können und man vielleicht als Arbeitgeber sogar potenziell geeignete KandidatInnen vergrault.

Dafür bietet der digitale Prozess allerdings auch Chancen: Wenn sowohl die Definition der Anforderungen als auch der gesamte Auswahlprozess kriterienorientiert ist, wird die Entscheidungsqualität höher sein als bei einer Auswahl auf der Basis von diffusen Bauchurteilen, Voreingenommenheiten oder persönlichen Vorlieben. Solche Vorlieben verleiten oft dazu, nicht die geeignetste Person auszuwählen, sondern die, die auf der Bauchebene am sympathischsten ist. Mehr zum spannenden Thema Bauchgefühle und Beurteilerfehler (u.a. auch als „Cognitive Biases“ diskutiert) finden Sie im Kapitel Nr. 10.

Auch beim Suchen und Finden der KandidatInnen auf Jobportalen, in Matching-Datenbanken und Social Media, über Active Sourcing oder mit der Hilfe von Chatbots und Recruiting-Apps gibt es eine Vielzahl hilfreicher digitaler Tools. Falls dieses Thema Sie interessiert, lesen Sie gerne den *Crashkurs Recruiting* (Fliegen, 2020) oder folgen Recruitingblogs (z.B. www.saatkorn.com oder https://wollmilchsau.de).

Was Sie sich aus Kapitel 1 merken können:

Grundsätzlich unterscheiden sich die Prozessschritte im digitalen und analogen Workflow kaum. Beim digitalen Prozess muss aber noch mehr auf die zutreffende Definition der Anforderungen geachtet werden. Insbesondere die Klarheit der Musskriterien für alle an der Auswahl Beteiligten gewinnt an Bedeutung. Besondere Chancen der Effizienzsteigerung bietet ein digitaler Prozess bei der Vorauswahl anhand der Bewerbungsunterlagen, bei der Terminorganisation und bei der Aufbereitung aller entscheidungsrelevanten Ergebnisse.

Übersetzen Sie den in diesem Kapitel beschriebenen Workflow für Ihre eigene Organisation. Stimmen Sie die Prozessschritte mit allen relevanten Beteiligten ab. Planen Sie die Festlegung der Musskriterien als zwingenden Prozessschritt (interne Auftragsklärung) ein.

2. Das Allerwichtigste: Wir wissen, wen wir suchen!

Viele Recruitingverantwortliche kennen das: Fragt man die suchende Fachabteilung, welche Kompetenzen für eine offene Stelle benötigt werden, bekommt man als Antwort häufig eine lange Liste wünschenswerter Kenntnisse, Fertigkeiten, Zertifikate und Eigenschaften. Dabei wird oft nur ungenau zwischen wünschenswert und unverzichtbar unterschieden und eine Art eierlegende Wollmilchsau gesucht.

Dadurch wird es allerdings nahezu unmöglich, zwischen KandidatInnen zu unterscheiden, die einige, aber nicht alle der wünschenswerten Skills mitbringen.

Um die Musskriterien für das Anforderungsprofil festzulegen, gibt es eine sehr praktische Methode: Man setzt sich quasi nacheinander drei Brillen auf, die verschiedene Seiten der Anforderungen einer Stelle beleuchten.
In der Abbildung sind diese drei Brillen dargestellt.

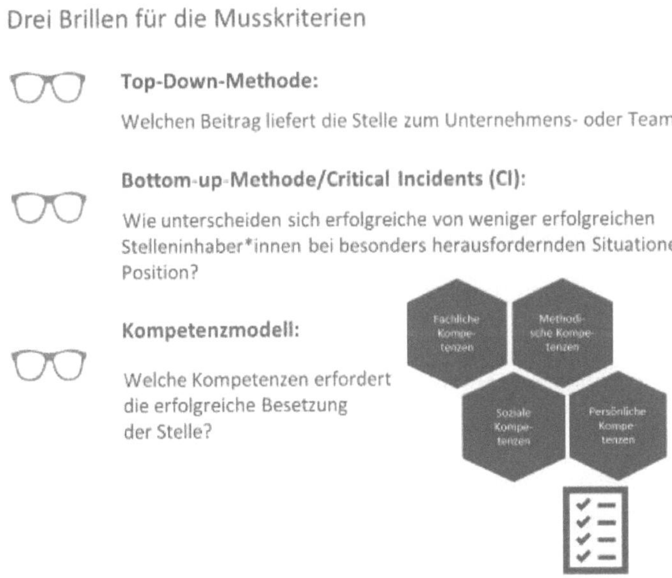

Drei Brillen für die Musskriterien

Top-Down-Methode:

Welchen Beitrag liefert die Stelle zum Unternehmens- oder Teamerfolg?

Bottom-up-Methode/Critical Incidents (CI):

Wie unterscheiden sich erfolgreiche von weniger erfolgreichen Stelleninhaber*innen bei besonders herausfordernden Situationen in der Position?

Kompetenzmodell:

Welche Kompetenzen erfordert die erfolgreiche Besetzung der Stelle?

Fachliche Kompetenzen
Methodische Kompetenzen
Soziale Kompetenzen
Persönliche Kompetenzen

Abb. 2: Drei Brillen für das Anforderungsprofil (eigene Darstellung)

Brille Nummer eins schaut von oben nach unten, *„top-down"*: Was muss ein/e StelleninhaberIn mitbringen, um dem Team, in dem er oder sie tätig wird, dabei zu helfen, erfolgreich zu sein und die Ziele des Teams oder der Organisation zu erreichen?

Brille Nummer zwei schaut von unten nach oben, *„bottom-up"*: Hier wird der konkrete Arbeitsalltag der Stelle unter die Lupe genommen, insbesondere die besonders herausfordernden Situationen der Stelle. Solche Situationen können besonders stressig, fachlich sehr anspruchsvoll, besonders schwierig oder knifflig sein und von den KandidatInnen eine spezielle soziale, persönliche oder fachliche „Ausstattung" fordern. Die herausfordernden Situationen nennt man Critical Incidents. Die Bewältigung der Critical Incidents erfordert ebenso wie die Erfüllung der Ziele aus der Bottom-up-Brille jeweils spezifische Kompetenzen.

Brille Nummer drei ist die ordnende Brille, die nun die Anforderungen aus Brille Nummer eins und Brille Nummer zwei systematisch einordnet: Sind fachliche, methodische, persönliche oder soziale Kompetenzen erforderlich, um die Stelle gut zu meistern? Und welche dieser Kompetenzen sind die wichtigsten, die Muss-Kriterien?

Im Folgenden finden Sie ein Beispiel, wie man die drei Brillen nutzen kann.

Gesucht werden MitarbeiterInnen in der Personalsachbearbeitung (Ausschnitt aus der entsprechenden Stellenanzeige):

PersonalsachbearbeiterIn (m/w/d) im IT-Beratungshaus

Was zu tun ist

- *Vorbereitende Lohnbuchhaltung inkl. Lieferung aller Nachweise; Abstimmung und Kontrolle der ausgelagerten Gehaltsbuchhaltung*
- *Organisation von Ein- und Austritten, Erfassung von Stammdaten und Fehlzeiten im System*

- *Administration der gehaltlichen, steuerlichen und sozialversicherungsrechtlichen Belange (betriebliche Altersvorsorge, geldwerter Vorteil, Dienstwagen, Mutterschutz, Elternzeit, Minijobs etc.)*
- *Führen der Personalakten*
- *Erstellen von Verträgen, Bonusschreiben, Mitarbeiterkorrespondenz sowie Bescheinigungswesen*
- *Führen von Statistiken, Erstellen von Reports für interne Schnittstellen (Controlling, Accounting, Geschäftsleitung)*
- *Krankenkassen- und Ämterkommunikation; AnsprechpartnerIn für Betriebsprüfungen und für die Mitarbeitenden in allen Gehalts- und Vertragsfragen*

Wen wir suchen

- *Abgeschlossene kaufmännische Ausbildung und Berufserfahrung im Personalwesen*
- *Aktuelle Lohnsteuer- und Sozialversicherungskenntnisse*
- *Basiskenntnisse im Arbeitsrecht und in der Buchhaltung*
- *Sicherer Umgang mit dem MS Office-Paket, insbesondere mit MS Excel; Kenntnisse bzgl. Lexware von Vorteil*
- *TeamplayerIn und gute kommunikative und organisatorische Fähigkeiten*
- *Hohe Sorgfalt und Zuverlässigkeit sowie Vertrauenswürdigkeit*
- *Hartnäckigkeit und hohes Verantwortungsbewusstsein*
- *Gute englische Sprachkenntnisse*

Nun setzen wir uns nacheinander die drei beschriebenen Brillen auf, um unsere Musskriterien, also das Fundament der weiteren Auswahl festzulegen.

Brille Nr. 1: Top-Down

„Welche Ziele hat diese Stelle? Wann ist der/die StelleninhaberIn erfolgreich?"

- Gewährleistung einer ordnungsgemäßen, fehlerfreien, gesetzeskonformen Lohnabrechnung

- Zeitgerechter Austausch/Datenlieferung mit allen internen und externen Stellen und dem Management.

- Kompetente/r AnsprechpartnerIn und ProblemlöserIn als Servicestelle für die Mitarbeitenden.

Brille Nr. 2: Critical Incidents

„Welche besonders herausfordernden Situationen muss der/die StelleninhaberIn bewältigen?" – hier ein paar mögliche Beispiele:

- Zur Deadline der monatlichen Gehaltsabrechnung fällt der Server aus (und unterschiedlichste Dinge müssen organisiert werden, z.B. Vorschüsse manuell ausgezahlt, Informationen rechtzeitig an alle Mitarbeitenden weitergegeben, die IT informiert und bei der Behebung betreut werden).
- KollegInnen versuchen datengeschützte Informationen von anderen KollegInnen herauszufinden und für sich selbst zu nutzen (z.B. wieviel jemand verdient, um im Mitarbeitergespräch besser zu verhandeln).
- Eine Führungskraft beschwert sich, bei ihr sei ein Fehler in der Gehaltsabrechnung gemacht worden.

Brille Nr. 3: Kompetenzen

„Welche fachlichen, methodischen, persönlichen und sozialen Kompetenzen benötigt man für die Bewältigung der Stelle?"

- **Fachlich**:
  Kenntnisse in Lohnsteuer, Sozialversicherung und Arbeitsrecht sowie von englischen Fachbegriffen und den Abläufen in einer Personalabteilung
- **Methodisch**:
  Selbst- und Zeitmanagement, Lohnabrechnungssoftware und Exceltools anwenden
- **Persönlich**:
  Prioritäten setzen und einhalten, genau und verlässlich arbeiten

- **Sozial**:
  Verständlich in alle Richtungen kommunizieren, Empathie für Mitarbeitende zeigen

Wie man die festgelegten Kompetenzen vor dem Interview mit den Bewerbungsunterlagen abgleicht und später im Interview systematisch erfragt, erfahren Sie in den Kapiteln 3 und 5.

Ein eindeutiges (und von allen Auswählenden geteiltes) Anforderungsprofil unterstützt das Screening der Bewerbungsunterlagen, die Auswahl der Shortlist-BewerberInnen, die Vorbereitung der Interviewfragen und die finale Entscheidungsfindung, wer eingestellt wird.

Erinnern Sie sich bitte noch einmal an die Abbildung 1 (*der systematische Auswahlprozess*): Hier wird deutlich, dass das Herausarbeiten der Musskriterien ein wirklich wichtiger Schritt ist, weil er sich durch alle weiteren Prozessschritte zieht. Unklare Anforderungskriterien können bei allen Prozessschritten zu Ineffizienz, Uneinigkeit der Prozessbeteiligten, unnötigen Abstimmungsschleifen und zusätzlichen Kosten führen.

Im digitalen Prozess können Sie den an der Auswahl Beteiligten das Material als „Shared Documenta“ zur Verfügung stellen (die Ausschreibung, die Anzeige und ein vorbereitetes Formular mit den drei Brillen für das Anforderungsprofil). Anschließend können Sie die Anforderungen in einem moderierten Mini-Workshop (Auftragsklärung oder Briefing) per Videokonferenz final abstimmen.

Eine Muster-Checkliste für die Festlegung der Musskriterien (mit den drei Brillen) finden Sie im Anhang.

Was Sie sich aus diesem Kapitel merken können:

Wichtig für das Anforderungsprofil sind die Ziele der Position, die kritischen/besonders herausfordernden Situationen der alltäglichen Tätigkeit und die daraus abgeleiteten, unverzichtbaren Kompetenzen (die Musskriterien).

Führen Sie vor jeder Stellenbesetzung ein kurzes Briefinggespräch durch und klären Sie den „Auftrag“ mit allen Beteiligten.

3. Vorfiltern – auf beiden Seiten!

Nachdem Sie Ihre Anzeige geschaltet, BewerberInnen direkt angeworben haben, ihr Netzwerk für die Suche aktiviert oder Personaldienstleister einschaltet haben und Bewerbungsunterlagen vorliegen, folgt als nächster Schritt das „Screening". Hier werden die vorliegenden Bewerbungen mit den Musskriterien der Stelle abgeglichen.

Das geht digital (zum Beispiel mit CV-Parsing-Software) oder durch manuellen Abgleich.

Die Musskriterien in unserem Beispiel „Personalsachbearbeiterin" waren:

- **Fachlich:**
  Kenntnisse in Lohnsteuer, Sozialversicherung und Arbeitsrecht sowie von englischen Fachbegriffen und den Abläufen in einer Personalabteilung
- **Methodisch:**
  Selbst- und Zeitmanagement, Lohnabrechnungssoftware und Exceltools anwenden
- **Persönlich:**
  Prioritäten setzen und einhalten, genau und verlässlich arbeiten
- **Sozial:**
  Verständlich in alle Richtungen kommunizieren, Empathie für Mitarbeitende zeigen

Nun schauen wir, wo in den Unterlagen welche Hinweise oder „Beweise" zu finden sind, die auf eines oder mehrere der Musskriterien hinweisen.

Die unterschiedlichen Teile von Bewerbungen liefern dabei jeweils spezielle Informationen zu den Musskriterien:

- **Anschreiben:**
  Hier finden Sie Informationen über die Erfahrungen und Kenntnisse, die

Bewerbungsmotive, die sprachliche Formulierung, die Sorgfalt und eventuelle Rahmendaten (wie Gehaltsvorstellung und Verfügbarkeit)

- **Lebenslauf**:
  Der Lebenslauf liefert Ihnen Details zu den einzelnen beruflichen Stationen und den dort ausgeführten Aufgaben und Projekten, zu den Erfolgen oder den dort jeweils erworbenen Kenntnissen. Im Lebenslauf können Sie auch die Anzahl der Stationen, die jeweiligen Verweildauern, die Anzahl der Wechsel und die Lücken zwischen verschiedenen Stationen nachlesen.
- **Arbeitszeugnisse**:
  Die Rahmendaten der beruflichen Stationen in Arbeitszeugnissen, wie Jobtitel, Beginn, Ende und ausgeführte Aufgaben oder Projekte sollten mit den Angaben im Lebenslauf übereinstimmen. Sie können anhand der Angaben zu den persönlichen Stärken, der Leistungsbeurteilung (die sogenannte „Note) und der Schlussformulierungen etwas über die Beurteilung durch die vorherigen Arbeitgeber herauslesen.
- **Schul-/Ausbildungszeugnisse**:
  Für BerufsstarterInnen können Sie hier nach Noten und Kenntnissen in den für die Stelle relevanten Schul- und Ausbildungsfächern Ausschau halten.
- **Referenzen**:
  Von den BewerberInnen explizit genannte Referenzpersonen können hinsichtlich spezieller Kompetenzen befragt werden. Datenschutzrechtlich korrekt prüft man Referenzen, wenn entweder die BewerberInnen in Ihren Unterlagen konkrete Referenzpersonen benannt haben oder wenn Sie Ihnen auf Nachfrage ihre explizite Einwilligung gegeben haben, dass eine Referenzperson kontaktiert wird.
- **Zertifikate**:
  Sie geben Ihnen Auskunft bezüglich der unbedingt für die Stelle erforderlichen Qualifikationen, Kenntnisse und/oder Befugnisse.
- **Arbeitsproben**:
  Sie liefern Ihnen Informationen zur Qualität bereits erledigter, ähnlicher Aufgaben. Dies können z.B. Texte, Projektberichte, Websites, Modelle oder angefertigte Teile sein.

Durch das systematische Screening der Bewerbungen entlang der Musskriterien ergibt sich eine Einteilung in A-, B- und C-KandidatInnen:

- **A-Kandidalinnen** erfüllen alle oder die überwiegende Anzahl der Musskriterien. Sie sind grundsätzlich geeignet für den nächsten Schritt in der Auswahl. Dieser nächste Schritt kann ein Telefon- oder Videointerview, eine Präsentation oder ein Auswahltest sein, je nachdem, welche Informationen Sie hinsichtlich der Musskriterien für diese Stelle herausfinden möchten.
- **B-KandidatInnen** erfüllen einige, aber nicht alle Musskriterien. Es kann auch sein, dass man aus den Unterlagen nichts Konkretes über ein Musskriterium ablesen kann. Hat man nur wenige passende Bewerbungen erhalten, wird man die fehlenden Informationen per Mail, Video oder Telefon nachfragen und danach entscheiden, ob die Erfüllung der Musskriterien für oder gegen die Kategorisierung als A-KandidatIn sprechen.
- **C-KandidatInnen** erfüllen keine oder nur sehr wenige der Musskriterien. Ihnen kann abgesagt werden, weil sie für **diese** vakante Stelle mit hoher Wahrscheinlichkeit nicht geeignet sind.

Kurze Telefon- oder Videointerviews können ein hervorragender Vorfilter vor dem eigentlichen Interview sein. Sie dienen der Klärung von K.O.-Kriterien, also solchen Musskriterien oder formell unabdingbaren Voraussetzungen, die entscheidend für das Ausführen der Stelle sind.

Mögliche Bestandteile eines solchen Vorfilters **„Telefon-/Videointerview“** sind dann:

- Fragen zu den Musskriterien, bspw. nach speziellen Kenntnissen oder Fertigkeiten
- Fragen zu den Unterlagen oder formellen Voraussetzungen, bspw. einem bestimmten Abschluss oder Zertifikat
- Abgleich, ob die Gehaltsvorstellungen beider Seiten prinzipiell zusammenpassen
- Abgleich der zeitlichen Verfügbarkeit (Kündigungsfrist o.ä.)
- Sondierung von Terminen für eventuell folgende Schritte

Je nach der Anzahl Ihrer offenen Fragen kann das Telefon- oder Videointerview recht kurz oder auch länger sein. Es ersetzt aber nicht das ausführliche Interview, das Sie in Kapitel 5 noch kennenlernen. Es dient lediglich als Vorfilter, um aus einer Longlist von KandidatInnen kriteriengeleitet diejenigen für die Shortlist einzugrenzen.

Bereits bei allen vorbereitenden Kontakten mit BewerberInnen ist Augenhöhe wichtig: Behandeln Sie BewerberInnen wie gleichberechtigte PartnerInnen: Beide Seiten müssen eine für sie passende Wahl treffen, wenn sie künftig gemeinsam arbeiten wollen.

Wenn Sie neben der Klärung Ihrer offenen Fragen noch weitere Eignungsdiagnostik einsetzen wollen, können Sie auch wissenschaftlich abgesicherte Testverfahren oder psychologische Fragebögen einsetzen, die Ihnen bei der Aufklärung von Musskriterien helfen können. Für die meisten dieser Verfahren gibt es eine Online-Variante, sofern sie nicht ohnehin schon als Online-Test konzipiert wurden. (Informationen zu wissenschaftlich gut untersuchen Verfahren finden Sie unter https://www.psyndex.de/tests/testkuratorium/).

Eine weitere Variante des Vorfilterns sind zeitversetzte Videointerviews mit einer begrenzten Anzahl von für die Stelle relevanten Fragen. Die Videoeinladung wird an ausgewählte KandidatInnen der Longlist versendet. Diese beantworten dann zu einem selbst gewählten Zeitpunkt die Fragen per Video. Das Auswahlgremium im Unternehmen kann diese Videos zeitlich flexibel bezüglich der Erfüllung von Musskriterien sichten und eine Shortlist eingrenzen.

Eine weitere zeitgemäße Variante des Vorfilterns ist die Aufzeichnung von Sprachnachrichten, bei der Sie unbedingt auf die Einhaltung von Qualitätsstandards achten sollten, weil am Markt auch ungeeignete Sprachanalyse-Tools kursieren. Bei der geeigneten Variante beantworten KandidatInnen per Smartphone eine Reihe vordefinierter Fragen mit Hilfe der Sprachaufzeichnungsfunktion. Die Sprachnachrichten werden dann maschinell ausgewertet und in eine Schriftform übertragen. Sie können ähnlich gute Ergebnisse liefern wie schriftliche Unterlagen und sind für die BewerberInnen deutlich komfortabler und schneller als das Schreiben einer kompletten Bewerbung. (Die ungeeigneteren Varianten versuchen aus einer Sprachprobe der BewerberInnen gleich ganze Sets von Persönlichkeitseigenschaften abzuleiten.)

Welche konkreten Fragen zur Aufklärung welcher Musskriterien geeignet sind, wird im Kapitel 5 noch genauer beschrieben.

Was Sie sich aus diesem Kapitel merken können:

Nach dem Abgleich von Musskriterien und Bewerbungsunterlagen ergibt sich eine Einteilung in A-, B- und C-BewerberInnen.

Lesen und sortieren Sie die einzelnen Bewerbungen nicht mehrfach, sondern screenen gleich anhand der Musskriterien. Klären Sie anschließend noch offene Musskriterien per Telefon oder Video und entscheiden dann, ob es sich um eine/n A-, B- oder C-KandidatIn handelt.

4. Sehr gute Vorbereitung: Der technische Rahmen muss stimmen!

Virtuelle Bewerbungsinterviews müssen ebenso wie analoge Bewerbungsgespräche gut vorbereitet und strukturiert sein. Neben der eigentlichen Gesprächsführung ist bei der digitalen Variante zusätzlich zu gewährleisten, dass technisch alles funktioniert.

Was gilt es also technisch und organisatorisch zu beachten?

Was ist technisch und organisatorisch besonders bei virtuellen Interviews?

Das professionelle Setting	Die Technik	Das Managen der Zeit und der Mitinterviewer*innen
Der erschwerte Blickkontakt	Die unterschiedlichen technischen Erfahrungen der Kandidat*innen	Die gleiche Behandlung aller Kandidat*innen

[4]

Abb. 3: Professionelle Haltungen in Bewerbungsinterviews (eigene Darstellung)

Das professionelle Setting

Starten Sie pünktlich zum vereinbarten Zeitpunkt und sorgen für eine ungestörte Umgebung. Schaffen Sie eine (nicht zu private) Arbeitsatmosphäre, beispielsweise durch professionelle Kleidung und vollständig vorliegende Unterlagen (Bewerbungsunterlagen, Interviewleitfaden etc.). Betreten Sie den virtuellen Raum erst dann, wenn Sie alles vorbereitet haben, die Technik geprüft haben und gut sitzen.

Die Technik

Nehmen Sie in die Einladung zum Interview alles Wichtige auf: die genaue Zeitdauer (mit dem Hinweis, etwas früher mit dem Einloggen in die Konferenzsoftware zu starten, um alle Einstellungen für sich anzupassen), den Link zum Meetingraum, die Anleitung für das jeweilige Videotool, die Aufforderung per Computer statt per Smartphone teilzunehmen, die Notfall-Telefonnummer (falls etwas nicht klappt) usw.

Probieren Sie Ihre eigene Technik unbedingt vorher, starten Sie mindestens zehn bis zwanzig Minuten vor dem vereinbarten Termin, checken Sie Ihre Stromversorgung oder Ihre Akkus sowie die Qualität der Internetleitung (stoppen Sie eventuell streamende Mitnutzer vorher).

Wenn die Software ein Diagnosetool anbietet, nutzen Sie dies kurz vor dem Meeting. Probieren Sie vorher die unterschiedlichen Funktionen der jeweiligen Software (Audio- und Videoeinstellungen, virtuellen Hintergrund, Bildschirm teilen etc.) aus, damit Sie sich auf das Gespräch konzentrieren können.

Achten Sie bei der Auswahl der Software auf Datenschutz und technische Stabilität.

Die Tonqualität ist besser, wenn Sie ein Headset verwenden. Die Kamera sollte so eingestellt sein, dass Sie Augenhöhe ermöglicht und die KandidatInnen nicht durch eine Lichtquelle im Rücken blendet.

Das Managen der Zeit- und der MitinterviewerInnen

Stimmen Sie vor dem Interview mit Ihren Mitinterviewerlinnen den Gesprächsleitfaden und die Rollenverteilung ab: Wer moderiert und wer stellt wann welche Fragen?

Planen Sie Zeit für die Vor- und Nachbereitung mit den MitinterviewerInnen ein. Schreiben Sie auch in deren Einladung alle wichtigen Hinweise, genau wie bei den KandidatInnen. Machen Sie ggf. eine Generalprobe mit allen Teilnehmenden.

Der Aufbau einer persönlichen Beziehung im Videointerview dauert tendenziell länger als bei physischen Begegnungen. Planen Sie also ausreichend Zeit für Atmosphärisches und die „Warm-up-Phase“ ein.

Der erschwerte Blickkontakt

Teilen Sie zu Beginn des Videointerviews mit, dass Sie sich Notizen machen und dadurch der Blickkontakt unterbrochen sein kann. Schauen Sie möglichst oft und bewusst in die Kamera, lächeln Sie Ihr Gegenüber an und halten so den Blickkontakt. Schauen Sie nicht nur auf das eigene Video.

Wenn Ihr Gegenüber den Blickkontakt nicht so gut herstellt und woanders hinschaut, ziehen Sie keine vorschnellen Schlüsse: Vielleicht liegt es nicht an der mangelnden Sozialkompetenz, sondern an der fehlenden technischen Erfahrung mit Videointerviews.

Die unterschiedlichen technischen Erfahrungen der KandidatInnen

Sorgen Sie schon mit der Einladung dafür, dass die KandidatInnen alle relevanten Informationen und Technikhinweise bekommen. Machen Sie den Ablauf des Interviews vorab möglichst transparent. Starten Sie das Interview eventuell mit einem kurzen Smalltalk über die Erfahrungen mit Konferenzsoftware oder Videointerviews.

Wenn die Technik streikt, gehen Sie nach kurzer Zeit zum Telefoninterview über, anstatt die komplette Zeit mit technischem Herumprobieren zu verschwenden. Bewerten Sie es nicht über, wenn KandidatInnen nicht genügend technische Expertise mitbringen (es sei denn, diese Technikkompetenz gehört zu den Musskriterien).

Halten Sie während des Interviews, z.B. wenn Sie Sie eine anspruchsvolle Frage gestellt haben, Gesprächspausen aus und füllen Sie sie nicht vorschnell durch eigene Redebeiträge. Signalisieren Sie den KandidatInnen Ruhe: *„Nehmen Sie sich ausreichend Zeit für Ihre Antwort, überlegen Sie gerne in Ruhe".*

Die gleiche Behandlung aller KandidatInnen

Der Grundsatz der Gleichbehandlung gilt für virtuelle Interviews ebenso wie für analoge und überhaupt den gesamten Prozess der Personalauswahl (siehe dazu auch Kapitel 5.4). Behandeln Sie die KandidatInnen also möglichst gleich, um wirklich vergleichen zu können.

Wählen Sie anforderungsgeleitet aus, orientieren Sie Ihre Fragen an den Musskriterien, halten Sie sich an Ihren Interviewleitfaden (siehe nächstes Kapitel) und trainieren auch Ihre MitinterviewerInnen auf dessen Einhaltung.

KandidatInnen, die über einen technischen Kanal interviewt werden, schneiden häufig schlechter ab als „echt" Interviewte. Interviewen Sie also entweder alle oder keine KandidatInnen virtuell.

Was Sie sich aus diesem Kapitel merken können:

Bei virtuellen Interviews spielt der technische Kanal eine kritische Rolle. Widmen Sie also neben der inhaltlichen Steuerung auch der technischen Steuerung Ihre volle Aufmerksamkeit.

Planung und Vorbereitung sind (fast) alles. Nutzen Sie die Einladung, die eigene Vorbereitungszeit und die Warmup- und Smalltalkphase dazu, optimale Bedingungen für ein virtuelles Interview zu schaffen.

5. Leitung frei, es geht los: Das Interview muss gut gesteuert werden!

In diesem Kapitel über das Bewerbungsinterview widmen wir uns nacheinander den Themen *Gesprächsleitfaden und Ablauf des Interviews, professionelle Haltungen, Fragetechnik* sowie *Unzulässiges, AGG und Datenschutz*.

5.1. Gesprächsleitfaden und Ablauf des Interviews

Der folgende Ablauf versteht sich als Vorschlag eines Gesprächsleitfadens, der sich in der Praxis gut bewährt hat. Er besteht aus acht Schritten:

Interviewleitfaden: die Schritte

1. **Begrüßung und Warming-up**
   Gegenseitige Vorstellung
   Informationen über Ablauf, Zeit, Inhalt, ausgeschriebene Position
2. **Selbstdarstellung der Bewerber*innen**
3. **Fragen zur beruflichen Entwicklung**
   Fragen zu Bewerbungsunterlagen und Lebenslauf
4. **Fragen zu den Anforderungskriterien**
   Fachliche, methodische, soziale und persönlichen Kompetenzen
5. **Informationen über die Stelle und das Unternehmen**
6. **Fragen der Bewerber*innen an das Unternehmen/über die Stelle**
7. **Vertrags- und Gehaltsfragen, formelle Rahmenbedingungen**
8. **Abschluss und Verabschiedung**
   Feedback an den Bewerber
   Weitere Schritte

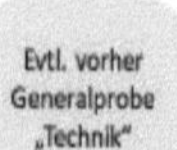

10 Minuten online vor dem Interview treffen: Rollen, Inhalte + Fragen besprechen

Abb. 4: Gesprächsleitfaden für das Interview (eigene Darstellung)

Schon vor dem eigentlichen Interview sollte allen Mitinterviewenden die Struktur und der Ablauf des Interviews transparent sein. Ein kurzes „Regiemeeting" von zehn Minuten vor dem Interviewbeginn kann dabei helfen, sich rasch über Rollen, Moderation, offene Fragen und das Ziel des Interviews zu verständigen. Diese zehn Minuten sind sehr gut investierte Online-Zeit. Über den Nutzen einer technischen Generalprobe haben Sie schon im vergangenen Kapitel gelesen.

Das Interview startet mit dem **Warm-up und der Begrüßung**. Rechnen Sie damit, dass es zu Beginn auch „holpern" und einige Minuten dauern kann, bis die Technik bei allen Beteiligten einwandfrei funktioniert. Nehmen Sie sich ausreichend Zeit für die Vorstellung und ein wenig Smalltalk, weil gerade diese Aspekte bei virtuellen Meetings häufig zu kurz kommen. Bei digitalen Kanälen ist es besonders wichtig, Vertrauen zu schaffen und eine gute Atmosphäre herzustellen. Planen Sie dafür etwas zusätzliche Zeit ein.

Stellen Sie kurz den Ablauf des Interviews und die Stelle vor, um die es gehen wird. Werden Sie bei der Darstellung der Stelle aber nicht zu ausführlich, weil die entsprechenden Details erst für eine spätere Phase im Gesprächsleitfaden vorgesehen sind.

Im nächsten Schritt fordern Sie die BewerberInnen auf, sich und ihren Werdegang kompakt **selbst darzustellen**. Sie können auch in eine spezielle Richtung fragen, sich bspw. den Bezug aller bisherigen Tätigkeiten zur ausgeschriebenen Stelle schildern lassen.

Aus den Bewerbungsunterlagen und der Selbstdarstellung der/des KandidatIn werden sich **Fragen zur beruflichen Entwicklung** ergeben, die Sie nun klären sollten.

Im – entscheidenden – Hauptteil des Interviews prüfen Sie anschließend die Eignung der/des KandidatIn hinsichtlich des **Anforderungsprofils**: Bitte planen Sie hierfür schon vorab Fragen oder Aufgaben zu allen **fachlichen, methodischen, persönlichen und sozialen Musskriterien**, die Sie im Vorfeld für diese Stelle festgelegt haben. Auf die Fragetechnik für die einzelnen Kompetenzen gehen wir weiter unten noch ein. Dieser wichtige Teil des Interviews wird Ihnen später bei der Entscheidung helfen, wer am geeignetsten ist und wem Sie ein Arbeitsverhältnis anbieten wollen. Hier werden Sie feststellen können, dass Einigkeit über die Musskriterien unter allen Mitinterviewenden sehr hilfreich ist. Schon aus diesem Grund lohnt es sich, sie im Vorfeld gemeinsam festzulegen.

Sprechen Sie mit allen Interviewten über alle Musskriterien: So verschaffen Sie sich eine solide Entscheidungsgrundlage.

Anschließend folgt die Darstellung von Unternehmen und Stelle. Sie haben bis hierhin einen mehr oder weniger ungefilterten Eindruck davon bekommen können, wie sich die KandidatInnen den Job vorstellen und können nun Ihre Sicht der Stelle schildern. Grundsätzlich ist es wichtig, allen BewerberInnen einen guten Eindruck von Firma und Stelle mitzugeben, aber der „Werbeblock" wird vermutlich bei sehr guten KandidatInnen noch ein wenig enthusiastischer und ausführlicher ausfallen.

Anschließend (bei Bedarf natürlich auch schon vorher) beantworten Sie die **Fragen oder Anliegen der BewerberInnen** und klären gemeinsam alle **formellen Kriterien und Voraussetzungen** für die Übernahme der Position.

Denken Sie bei **Abschluss und Feedback** auch wieder an die Atmosphäre: Bedanken Sie sich für Interesse und Zeit der BewerberInnen und geben einen realistischen und einhaltbaren Ausblick, wann und wie es bezüglich der Auswahl weiter gehen wird.

Begleitend zu den acht Schritten des Gesprächsleitfadens verhelfen Ihnen eine Reihe günstiger Haltungen und Einstellungen zu angemessener Professionalität. Die wichtigsten dieser Haltungen beleuchten wir im nächsten Kapitel.

5.2. Professionelle Haltungen

Welche Einstellungen und Haltungen kennzeichnen gute und professionelle InterviewerInnen?

Zunächst ist es wichtig, die BewerberInnen **ausreichend zu Wort kommen** zu lassen. Deren **Redeanteil** sollte bei ca. 70-80% der gesamten Zeit liegen. (Eventuell müssen Sie dies auch Ihren Mitinterviewenden noch einmal vor Augen führen.)

Prinzipiell sollten Sie eine **wertschätzende Haltung** gegenüber allen KandidatInnen einnehmen. Diese sind Gast und wurden von Ihnen freiwillig zum Interview eingeladen. (Sie sind ja froh, dass sich BewerberInnen für die Stelle interessieren). Behandeln Sie sie entsprechend. Und denken Sie auch an den –

unter virtuellen Umständen erschwerten – Blickkontakt, der ebenfalls Wertschätzung ausdrückt.

Es ist wichtig, dass mindestens eine Person den **Ablauf** des Interviews im Auge behält und **steuert**, sowohl hinsichtlich der Inhalte, des Leitfadens als auch der Zeit. Als Moderator sollte man unbedingt gegensteuern, wenn das Gespräch nicht in die richtige Richtung läuft (siehe dazu auch Kapitel 6).

Förderliche Haltungen und förderliches Verhalten im Interview

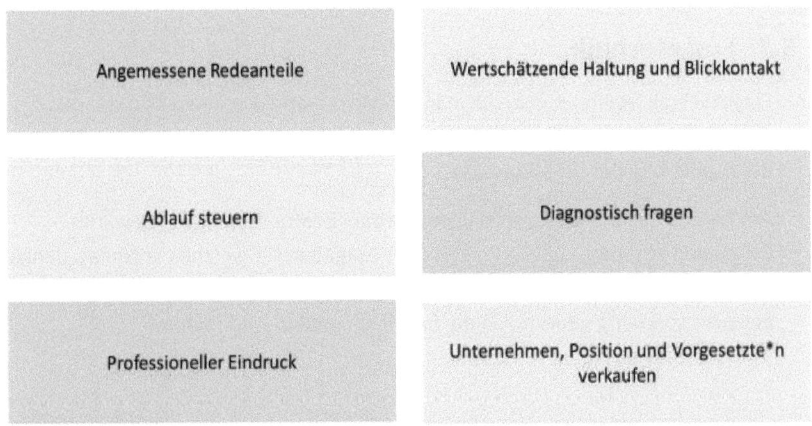

Abb. 5 Förderliche Haltungen und förderliches Verhalten im Interview (eigene Darstellung)

Unter den Stichworten „**Diagnostisch fragen**" versteht man, dass alle gestellten Fragen einen Zusammenhang mit den Musskriterien haben sollten. Fragen stellt man nicht einfach, weil sie „irgendwie interessant" sind *(„Wenn Sie ein Tier wären, welches wären Sie?")*, sondern weil sie bei der Aufklärung der Musskriterien helfen sollen. Mehr dazu im Abschnitt zu den Fragetechniken.

Bei allen Kontaktpunkten mit BewerberInnen sollten Sie sich um einen **professionellen Eindruck** bemühen. Für die Interviewenden bedeutet dies, vorbereitet, aufmerksam, wertschätzend und interessiert zu sein. Die Räumlichkeiten sollten professionell und gut vorbreitet sein und alle relevanten Unterlagen und Informationen vorliegen. Smartphones oder Laptops sollten während eines Interviews weggelegt werden, es sei denn Sie machen Ihre Gesprächsnotizen auf einem Tablet.

Im auch sehr wichtigen „**Werbeblock**“ können Sie die Vorzüge des Unternehmens (mehr dazu im Kapitel 9), die Aspekte der Position, die für die jeweiligen BewerberInnen besonders interessant sind und auch die positiven Merkmale des Teams und der zuständigen Führungskraft hervorheben.

5.3. Fragetechnik

Fragetechnik ist eine Kunst, die man trainieren kann wie einen Muskel. Das Bemühen um gute Fragen hilft neben aufmerksamem Zuhören entscheidend bei der Aufklärung der Musskriterien.

Am bereits bekannten Beispiel „PersonalsachbearbeiterIn“ wollen wir im Folgenden schauen, welche Fragen oder Aufgaben für welches Kriterium denkbar und geeignet sind. Dabei gilt: Die persönlichen und sozialen Musskriterien werden genauso sorgfältig geprüft wie die fachlichen und methodischen.

Musskriterien Personal-SachbearbeiterIn	**Wie erfragen?** (Beispiele)
Kenntnisse in Lohnsteuer, Sozialversicherung und Arbeitsrecht	• Welche Kenntnisse besitzen Sie in welchem Teilgebiet der Lohnsteuer? • Wie organisieren Sie die Sozialversicherungsaufgaben bei Ihrer jetzigen Stelle? • Auf einer Skala von 0-10: Wie schätzen Sie Ihre fachlichen Kenntnisse bei der Abrechnung von Dienstfahrzeugen (o.ä.) ein? • Wenn Sie auf die Anforderungen der Stelle schauen: Wo wären Sie sofort startbereit und wo bräuchten Sie in der Einarbeitungsphase noch Unterstützung? • Hatten Sie bereits einmal eine arbeitsrechtlich komplizierte Fragestellung? Worum genau ging es? Wie haben Sie diese Fragestellung gelöst? • Alternativ: Fachtest oder repräsentative Übungsaufgabe.
Englische Fachbegriffe	• Could you please explain how much English language skills you have to use in your current role? • Alternativ: eine englische Mail zu Thema X an die KollegInnen in den USA schreiben. • Oder: eine englische Gehaltsabrechnung vorlegen und auf Deutsch oder Englisch kommentieren lassen, was die KandidatInnen dort sehen/herauslesen können.

Abläufe in einer Personalabteilung	• Bitte beschreiben Sie uns einen typischen Tag/eine typische Woche/einen typischen Monat in Ihrem jetzigen Job. • Wie stellen Sie sicher, dass Sie in jedem Monat alle relevanten Informationen erfassen, bearbeiten und weiterleiten? • Alternativ: Ablaufplan Payroll vorlegen und kommentieren lassen, was üblich/unüblich/abweichend von der bekannten Praxis ist.
Selbst- und Zeitmanagement	• Wie organisieren Sie die Abläufe bei Ihrer jetzigen Stelle? • Wie priorisieren Sie Ihre Arbeit, wenn viele Dinge gleichzeitig auf Sie einstürmen? • Was tun Sie, damit bei Ihnen nichts Wichtiges untergeht? • Können Sie sich an eine Situation erinnern, wo Sie sich besonders gut organisieren mussten? Was war das für eine Situation und wie haben Sie sich dann organisiert? • Alternativ: Postkorb- oder Planungsübung.
Lohnabrechnungssoftware	• Mit welchen Modulen/Features der Software Y sind Sie wie gut vertraut? • Welche Funktionalitäten nutzen Sie wie oft? • Welche Unterschiede sehen Sie im Vergleich zu anderen Abrechnungsprogrammen? • Alternativ: eine typische Aufgabe mit der Software erledigen.

<table>
<tr><td>Exceltools</td><td><ul><li>Bitte beschreiben Sie, welche Funktionen von Excel Sie bereits benutzt haben.</li><li>Welche Funktionen benutzen Sie einfach und welche haben Sie quasi selbst programmiert/angelegt?</li><li>Wie sieht es mit Formeln/verbundenen Tabelle/SQL-Tools/.... aus: Was davon können Sie gut/mittel/weniger?</li><li>Alternativ: Exceltabelle mit definierten Anforderungen erstellen lassen.</li></ul></td></tr>
<tr><td>Prioritäten setzen und einhalten</td><td><ul><li>Stellen Sie sich vor, zum Zeitpunkt der monatlichen Deadline für den Gehaltslauf fällt Ihr Server aus und Sie müssen das Wichtigste organisieren. Was tun Sie?</li><li>Mussten Sie einmal in einer bestimmten Situation klare Prioritäten setzen? Wie haben Sie sich entschieden? Wie beurteilen Sie Ihre damalige Entscheidung aus heutiger Sicht?</li><li>Alternativ: Postkorb- oder Planungsübung.</li></ul></td></tr>
<tr><td>Genau und verlässlich arbeiten</td><td><ul><li>Wie stellen Sie sicher, dass alles, was Ihren Schreibtisch verlässt, genau und richtig ist?</li><li>Was bedeutet Verlässlichkeit für Sie? Was tun Sie, um verlässlich zu sein?</li><li>Alternativ: Übungsaufgabe, bei der es auf absolute Genauigkeit ankommt (Report/Statistik o.ä.) oder ein psychologisches Testverfahren zur Genauigkeit</li></ul></td></tr>
</table>

Verständliche in alle Richtungen kommunizieren	• Welchen Sachverhalt in der Personalabteilung verstehen viele Ihrer KollegInnen nicht und wie erklären Sie Ihnen dieses Thema verständlich? • Wie stellen Sie sicher, dass MitarbeiterInnen Ihre Antworten auf deren fachliche Fragen auch wirklich verstanden haben? • Alternativ: kurzes Rollenspiel *Bitte erklären Sie mir als Azubi/als MitarbeiterIn mit Migrationshintergrund/als Geschäftsführung, was geldwerter Vorteil (o.ä.) bedeutet".*
Empathie für Mitarbeitende zeigen	• Bitte überlegen Sie, in welchen Situationen es besonders wichtig ist, auf die persönliche Situation der Mitarbeitenden einzugehen? Wie „managen" Sie solche Situationen? • Alternativ: kurzes Rollenspiel mit einem Mitarbeitenden der/die gepfändet werden soll oder der/die einen Vorschuss benötigt oder wo ein/e Angehörige/r gestorben ist.

Eventuell sind Ihnen bei diesem Beispiel bestimmte Fragearten aufgefallen. Starten wir mit den W-Fragen (siehe die folgende Abbildung). Sie sind offene, nicht gerichtete Fragen, die Ihnen Hintergründe, Motive, Erklärungen oder Details liefern. W-Fragen sind wichtige und gute Fragen, weil der Informationsgewinn höher als bei geschlossenen Fragen (Antwort ja oder nein, A oder B) ist. Warum-Fragen sind auch W-Fragen, können aber bei übermäßiger Nutzung einen Verhörcharakter erzeugen, sollten also nur dosiert eingesetzt werden.

Die Fragen im mittleren Block eigenen sich hervorragend, die Kompetenzen von KandidatInnen abzuklopfen. Sie können wahlweise auf Critical Incidents beruhen *(„Stellen Sie sich vor, der Server fällt aus und es ist der Stichtag für den monatlichen Gehaltslauf. Was würde Sie wie organisieren?"*) oder als verhaltensorientierte Fragen gestellt werden *(„Bitte erinnern Sie sich an eine Situation, in der Sie unter Zeitdruck mit Hindernissen konfrontiert waren. Wie sah diese Situation aus? Was haben Sie getan?").* Critical-Incidents-Fragen prüfen, ob jemand grundsätzlich weiß, was in einer Situation zu tun ist *(„Was würden Sie tun?").* Verhaltensorientierte Fragen erweitern dies und prüfen überdies das vergangene Verhalten des/der KandidatIn ähnlichen Situationen, woraus sich Schlüsse auf das künftige Verhalten ziehen lassen *(„Was haben Sie selbst in der Situation getan?").*

Verschiedene Fragearten

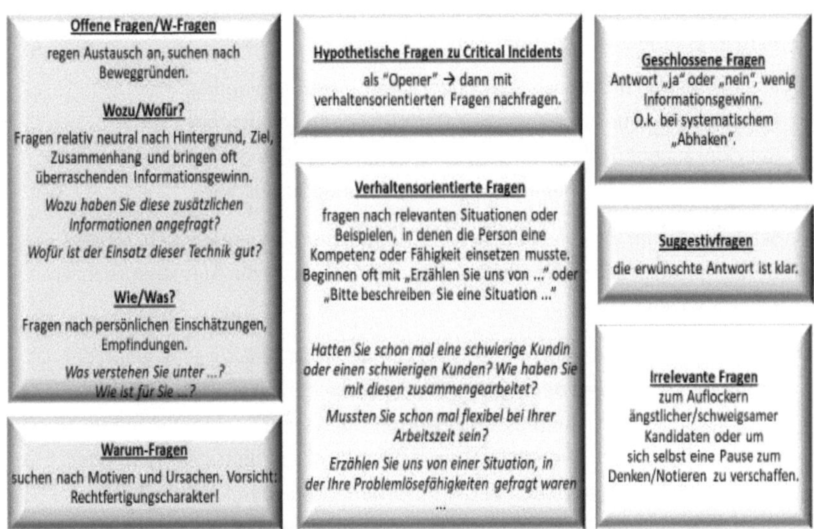

Abb. 6: Übersicht Fragearten (eigene Darstellung)

Geschlossene Fragen liefern begrenzte Informationen, können aber geeignet sein, wenn Sie eine eindeutige ja- oder nein-Antwort benötigen *(„Haben Sie diese zusätzliche Ausbildung bereits abgeschlossen?").*

Suggestivfragen sollten vermieden werden, weil sie den BewerberInnen die Antworten bereits „in den Mund legen" und keinen Informationsgewinn bringen: *„Sie arbeiten doch sicherlich auch gerne im Team, oder?"*

Irrelevante Fragen können manchmal nötig sein, um die Atmosphäre aufzulockern, schüchterne KandidatInnen aufzuwärmen oder um Zeit zum Nachdenken zu gewinnen. Stellen Sie aber solche irrelevanten Fragen nur im Ausnahmefall.

5.4. Unzulässiges, AGG und Datenschutz

Unzulässig sind Fragen, die das Persönlichkeitsrecht im Grundgesetz, das AGG (Allgemeines Gleichbehandlungsgesetz) oder Regelungen zur Schwerbehinderung dem aus Sozialgesetzbuch verletzen.

Fragen Sie also nicht nach Schwangerschaft, Familienplanung, Privatleben/sexuellen Neigungen, Partei-/Gewerkschafts- oder Religionszugehörigkeit, Vermögensverhältnissen/Schulden, Vorstrafen, Behinderung/Schwerbehinderung oder Gesundheitszustand.

Schildern Sie im Interview die Anforderungen der Stelle realistisch, so dass BewerberInnen selbst einschätzen können, inwieweit die Aufgaben zu ihren Kompetenzen passen.

Im **Ausnahmefall** können einzelne Fragen dennoch zulässig sein, wenn der Arbeitgeber aufgrund der Eignung für die Stelle ein **berechtigtes** Interesse nachweisen kann. Dann müssen BewerberInnen wahrheitsgemäß antworten (z.B. Vorstrafen angeben, wenn diese wesentlich für die Arbeitsstelle sind oder Angaben zu den finanziellen Verhältnissen machen, wenn auf der Position regelmäßig mit hohen Geldbeträgen umgegangen wird.)

Im Besonderen müssen bei der Personalauswahl die Regelungen des AGG berücksichtigt werden. Unzulässig aus Gründen des AGG sind Fragen zu folgenden Aspekten:

AGG Allgemeines Gleichbehandlungsgesetz
§ 1: Verhinderung von Benachteiligung

» Aus Gründen der **Rasse**
» Wegen der **ethnischen Herkunft** (gemeinsame Kultur und Tradition)
» Wegen des **Geschlechts**
» Wegen der **Religion**
» Wegen der **Weltanschauung** (gedankliches System, das den Zusammenhang der Welt erfasst und wertet)
» Wegen einer **Behinderung**
» Wegen des **Alters**
» Wegen der **sexuellen Identität**

Abb. 7: Das AGG in der Personalauswahl (eigene Darstellung)

Es ist also laut AGG nicht zulässig, einen Unterschied zwischen BewerberInnen zu machen, weil sie geografisch aus einem bestimmten Teil der Erde stammen (der Begriff „Rasse" soll im Gesetzestext allerdings geändert werden), weil sie bestimmten Traditionen anhängen, ein bestimmtes Geschlecht haben, eine bestimmte Religion praktizieren, weil sie körperlich oder psychisch beeinträchtigt sind, jung oder alt sind oder weil sie eine bestimmte sexuelle Orientierung haben – immer unter der Voraussetzung, dass die BewerberInnen den vakanten Job **grundsätzlich können könnten**.

Dieses grundsätzliche Können leitet sich aus den Musskriterien ab. Also dem, was die Stelle erfordert. Sie dürfen z.B. BewerberInnen für die Stelle in der Personalsachbearbeitung die Fragen in der Tabelle oben stellen, weil sie Ihnen helfen, die Musskriterien für genau diese Stelle aufzuklären.

Sie dürfen BewerberInnen um diese Position aber nicht grundsätzlich ausschließen, weil sie das „falsche" Alter oder Geschlecht haben.

Kompakt zusammengefasst muss man in den verschiedenen Phasen der Personalauswahl auf die folgenden Dinge achten:

AGG – worauf achten?

Stellenausschreibung

Geschlechtsneutrale Formulierung (m/w/d oder *)
Anforderungen auf das Wesentliche reduzieren
Keine Altersanforderungen, „young professional", „dynamisch", „junges Team"
Keine explizite Anforderung von Bewerbungsfotos

Auswahlprozess und AGG

Anforderungsorientierte, diskriminierungsfreie Auswahlkriterien
Einheitliche Gespräche (mit Leitfaden, Interviewer trainiert)
Schriftliche Dokumentation der Gespräche und Auswahlgründe (Notizen)
Bewerbung/Notizen/Absage 3-4 Monate aufbewahren

Absagen und AGG

Absageschreiben ohne AGG-relevante Begründung oder für wen entschieden
Falls telefonisch: Begründungen vorher prüfen + Telefonat dokumentieren
Frist für Einspruch: 2 Monate nach Zugang der Absage

Abb. 8: Auswirkungen des AGG auf die Personalauswahl: worauf achten? (eigene Darstellung)

Wenn Sie grundsätzlich so anforderungsgeleitet vorgehen, wie es in den vorangegangenen Kapiteln beschrieben wurde, sind Sie wenig gefährdet, sich eine Klage im Rahmen des AGG zuzuziehen. Definieren Sie die Musskriterien und klopfen sie systematisch bei allen grundsätzlich geeigneten KandidatInnen ab. Am Ende wählen Sie den/die Geeignetste/n aus.

Was ist weiterhin bezüglich des Datenschutzes nach DSGVO + BDSG zu beachten? Unternehmen müssen die BewerberInnen, deren Daten Sie erheben, verarbeiten und/oder speichern, vorab über die Datenerhebung, -verarbeitung und/oder -speicherung informieren.

Auswahlverfahren (eignungsdiagnostische Tests und Fragebögen, Arbeitsproben oder Interviews) usw. dürfen datenschutzrechtlich angewendet werden, wenn die Datenerhebung für die Entscheidung über eine Einstellung **erforderlich** (die Personalauswahl ermöglicht und es kein milderes gleich geeignetes Mittel zur Zweckerreichung gibt) und **geeignet** ist (ihren Zweck erfüllt und eine hohe prognostische Validität, also Vorhersagekraft besitzt).

Zur **Eignung**:
(Vorgelagerte) Videointerviews sind geeignet, den legitimen Zweck der Personalauswahl zu erfüllen, insbesondere wenn sie strukturiert und anforderungsgeleitet unter Berücksichtigung eignungsdiagnostischer Aspekte durchgeführt werden (wie nach der DIN 33430). Dann erreichen sie eine hohe prognostische Validität in Bezug auf die Eignung von BewerberInnen. Weiterhin helfen Sie, die Hygienevorschriften bei einer Pandemie einzuhalten.

Zur **Erforderlichkeit**:

Bei zeitversetzten Videointerviews werden die Daten vorübergehend gespeichert, bei Live-Interviews in der Regel nicht. Datenschutz ist Ländersache und zwei von 16 Landesdatenschutzbehörden (NRW und Berlin) sind aktuell der Auffassung, dass (vorgelagerte) Videointerviews nicht erforderlich sind und einen Datenschutzverstoß darstellen können, weil in das informationelle Selbstbestimmungsrecht der BewerberInnen eingegriffen werde. Hier muss die **Verhältnismäßigkeit** eines (zeitversetzten) Videointerviews abgewogen werden, also die Interessen des Arbeitgebers (Verbesserung der Personalauswahl, eingerichteter und ausgeübter Gewerbebetrieb) mit den Interessen der BewerberInnen (informationelle Selbstbestimmung).

Alternative (aber nicht unbedingt mildere) Mittel, den legitimen Zweck zu erreichen, wären Telefoninterviews (bei denen aber alle nonverbalen Informationen fehlen) oder eignungsdiagnostische Testverfahren (die bei den BewerberInnen weniger Akzeptanz finden, was deren Zahl reduzieren kann).

In jedem Falle muss die technische Lösung für die Durchführung von (vorgelagerten) Videointerviews die Anforderungen von BDSG und DSGVO erfüllen, und die entsprechenden Verfahrensverzeichnisse, Datenschutzrichtlinien, technische und organisatorische Maßnahmen, Auftragsdatenverarbeitungsverträge, Datenspeicherung in Europa etc. müssen vorliegen.

Wenn Sie (vorgelagerte) Videointerviews einsetzen wollen, sollten Sie sich – je nach Bundesland – absichern, dass die Durchführung datenschutzkonform ist und Ihre Datenschutzbeauftragten beteiligen. In nahezu allen Bundesländern werden (zeitversetzte) Videointerviews von vielen Unternehmen rechtlich gut abgesichert eingesetzt. Und auch die Datenschutzbehörden in Berlin und NRW haben konkrete Fälle als datenschutzkonform bestätigt. (Man sollte die Auseinandersetzung mit der Behörde also nicht scheuen und den Einsatz von Videointerviews nicht vorschnell ausblenden.)

Zusätzliche Sicherheit bringt die Einwilligung der BewerberInnen in die Durchführung eines Videointerviews (Erlaubnisnorm Vgl. § 4 BDGS bzw. Art. 6 DSGVO). Es gibt zwei Möglichkeiten:

Möglichkeit 1

BewerberIn wünscht das Videointerview selbst.
Lassen Sie sich vor dem Interview in Textform erklären, dass

- der Wunsch zur Durchführung des Interviews per Videokonferenzsystem xy besteht,
- bereits ein Account für das Videokonferenzsystem xy vorhanden ist oder man gerne über dieses System eingeladen werden möchte,
- die Einwilligung zur Nutzung zu Interviewzwecken erteilt wird und
- Kenntnis sowie Einverständnis bzgl. der Datenschutzbedingungen des Systems besteht.

Möglichkeit 2

Sie als Unternehmen wünschen die Einwilligung der BewerberInnen und sorgen dafür, dass

- die Einwilligung der BewerberInnen vor dem Interview eingeholt wird,
- die Einwilligung freiwillig und informiert erfolgt,
- die BewerberInnen Kenntnis bzgl. der Datenverarbeitung des Systems erhalten und dieser zustimmen,
- den BewerberInnen alternative Möglichkeiten (Telefonat, Präsenzinterview, Testverfahren) angeboten werden, sodass kein Zwang zum Videointerview besteht.

Für die Speicherung von BewerberInnendaten **nach Abschluss** eines konkreten Bewerbungsverfahrens oder für die interne Weiterleitung benötigen Sie laut DSGVO ebenfalls eine Einwilligung.

Liegt Ihnen kein Einverständnis für eine weitere Speicherung von persönlichen Daten vor, müssen Sie nach der Besetzung einer Stelle alle persönlichen Daten der BewerberInnen sowie alle Kopien oder Backups löschen. Aus rechtlicher Sicht wird die Löschung drei bis sechs Monate nach Abschluss eines Bewerbungsverfahrens empfohlen.

Was Sie sich aus diesem Kapitel merken können:

Gute Interviews werden sorgfältig vorbereitet und gesteuert – das gilt für Inhalt, Ablauf, Technik, Fragetechnik und Atmosphäre.

Achten Sie vor und während des Interviews auf einen inhaltlich und rechtlich professionellen Eindruck, weil BewerberInnen das Interview als einen repräsentativen Ausschnitt aus dem Unternehmen betrachten und dieser Ausschnitt sehr wichtig für ihre Entscheidung für oder gegen einen Arbeitgeber ist.

6. Es läuft, wie es soll – oder nicht...? Wie man mit schwierigen Situationen oder PartnerInnen gut umgeht

Wer ein Interview plant, sollte auch immer damit rechnen, dass nicht alles so läuft, wie es vorher erwartet wurde. Manches funktioniert besser, anderes schlechter als gedacht. Schwierig zu steuern können zum Beispiel KandidatInnen, Mitinterviewende oder die Technik sein.

Wenn es nicht so läuft, wie es soll, empfiehlt es sich einzugreifen, um das Interview wieder in die richtigen Bahnen zu lenken.

In der folgenden Tabelle werden auf der linken Seite typische schwierige Situationen und in der rechten Spalte jeweils mehrere Ideen aufgelistet, wie man mit der dieser Situation umgehen könnte.

Überlegen Sie gerne, welche der Reaktionsmöglichkeiten Sie selbst am ehesten wählen würden.

Gleich zu Beginn gibt es technische Probleme	• Hängen Sie an die Einladung zum Interview eine Checkliste für alle technischen Aspekte (incl. dem Hinweis, sich 15-20 Minuten vor dem Beginn einzuwählen). • Machen Sie eine Generalprobe vor dem eigentlichen Interview (beispielsweise am Vortag). • Sie können ein paar Minuten lang versuchen, die BewerberInnen technisch zu unterstützen. Wenn es nicht gelingt, wechseln Sie zum Telefon (Notfallnummer in die Einladung).

Der/die KandidatIn passst offensichtlich nicht auf die Stelle	• Bringen Sie das Interview auf jeden Fall respektvoll und wertschätzend zu Ende. • Kürzen Sie ggf. den „Werbeblock" ein wenig ab. • Wenn das „Nicht-Passen" für beide Seiten **sehr offensichtlich und unstrittig** ist, können Sie im Ausnahmefall mit den KandidatInnen gemeinsam überlegen, ob man ggf. an dieser Stelle das Interview einvernehmlich beenden möchte.
Die Internetleitung bricht im Verlauf des Interviews zusammen	• Schalten Sie ggf. die Videofunktion Ihres Konferenzsystems aus, das spart Leitungskapazität. (Sie können die Videofunktion komplett ausschalten oder zumindest dann, wenn Sie selbst nicht reden.) • Machen Sie noch einen Versuch, sich (oder alle) neu einzuloggen. • Wenn das nicht klappt, gehen Sie zu einer Telefonkonferenz über (Notfallnummer in die Einladung!).
BewerberIn ist schweigsam oder schüchtern	• Stellen Sie offene und zu Beginn niedrigschwellige Fragen, seien Sie interessiert: *„Erzählen Sie uns gerne mehr."* • Beginnen Sie ggf. mit Smalltalk und einer längeren Warm-up-Phase. • *„Wir sind sehr interessiert an Ihren Kenntnissen und Fähigkeiten. Für unsere Auswahl interessieren uns viele Details."* • *„Bitte helfen Sie uns bei unserer Auswahl und berichten gerne sehr ausführlich über Ihre Tätigkeiten."*

BewerberIn redet viel, ohne Punkt und Komma	• Spiegeln: *„Wir erleben Sie hier als sehr eloquent – ist das typisch für Sie?"* • Fordern Sie die KandidatInnen auf, einen komplexen Sachverhalt in maximal zwei Sätzen zu schildern. • Geben Sie für eine ausgewählte Antwort eine Zeitbegrenzung (*„Unsere Geschäftsführung hat immer wenig Zeit. Wie würden Sie Ihre Idee in 30 Sekunden darstellen?"*). • Weisen Sie auf die Zeit und die noch offenen Themen hin: *„Mit Blick auf die Zeit müssen wir jetzt leider zum nächsten Punkt kommen"*.
BewerberIn ist aufgeregt	• Seien Sie möglichst transparent und undramatisch, das nimmt den KandidatInnen den Druck: *„Wir erleben es oft, dass Menschen in Bewerbungssituationen nervös sind – für uns ist das vollkommen in Ordnung."* • Investieren Sie Zeit in die Warm-up-Phase und schaffen so ein sicheres Gefühl bei den KandidatInnen. • Starten Sie mit einer einfachen Frage. • Machen Sie ggf. eine kurze Pause und besorgen allen etwas zu trinken.
BewerberIn ist technisch nicht versiert, schaut nicht in die Kamera o.ä.	• Geben Sie BewerberInnen vorab eine Checkliste, was vor der Kamera zu beachten ist. • Demonstrieren Sie selbst ggf. den KandidatInnen zu Beginn des Interviews den Unterschied zwischen auf-den-Bildschirm-Schauen und in-die-Kamera-Schauen. • Ggf. können Sie in der Warm-up-Phase noch einmal kurz auf den Blick in die Kamera hinweisen. • Überbewerten Sie den fehlenden Blickkontakt nicht; evtl. hat jemand noch wenig Erfahrung mit Videokonferenzen.

MitinterviewerIn textet KandidatInnen zu	• Nutzen Sie das Regiemeeting vor dem Start des Interviews für den Hinweis an Ihre KollegInnen, die BewerberInnen maximal zu Wort kommen zu lassen. • Zeigen Sie im Interview verbal und nonverbal, dass Sie die Steuerung (wieder) übernehmen möchten und die Aufmerksamkeit erneut vollständig auf die BewerberInnen lenken wollen. • Geben Sie den Mitinterviewenden nach dem Interview ein konstruktives Feedback. Oft sind zu hohe Redeanteile keine schlechte Absicht, sondern (zu) große Begeisterung für die eigenen Themen.
MitinterviewerIn setzt KandidatInnen unter Druck (Stressinterview)	• Sorgen Sie während des Interviews dafür, dass nur für die Stelle realistische Stresssituationen thematisiert werden. Alles andere wäre aus AGG-Sicht nicht zu empfehlen. • Weisen Sie Ihre Mitinterviewenden im Regiemeeting vor dem Interview oder im Feedback nach dem Interview darauf hin.
MitinterviewerIn hält die Absprachen bzgl. Struktur und Rollen nicht ein	• Zeigen Sie verbal und nonverbal, also mit Ihrer Haltung, dass Sie einen Plan für das Interview haben und es auch gerne steuern möchten. • Wenn Sie die Moderation des Interviews übernommen haben, bleiben Sie in dieser Funktion sichtbar und steuern, führen auf den Interviewleitfaden zurück, leiten zu einem nächsten Thema über usw. • Verteilen Sie vor dem Interview den Leitfaden mit Zuständigkeiten für die einzelnen Punkte an alle beteiligten KollegInnen. • Im Anschluss an das Interview sollten Sie sich noch einmal über die Rollenverteilung in künftigen Interviews verständigen.

MitinterviewerIn stellt unzulässige Fragen	• Leiten Sie charmant-lustig zu einem anderen, ungefährlichen Thema über. • Falls möglich, sorgen Sie dafür, dass die KandidatInnen diese Fragen nicht beantworten müssen (Getränk anbieten, Fenster schließen, kurze Unterbrechung herbeiführen...). • Weisen Sie vor oder nach dem Interview Ihre Mitinterviewenden darauf hin, dass solche Fragen rechtlich problematisch sind und überdies einen schlechten Eindruck bei den BewerberInnen erzeugen.

Was Sie sich aus diesem Kapitel merken können:

Jedes Interview ist anders: BewerberInnen, Mitinterviewende, Situation. Seien Sie also prinzipiell auf alles vorbereitet und reaktionsbereit.

Lassen Sie das Interview nicht einfach ungünstig weiterlaufen, sondern intervenieren Sie, wenn etwas aus dem Ruder läuft. Wählen Sie aus den Vorschlägen in der Tabelle diejenigen aus, die persönlich zu Ihnen passen.

7. Ganz genau hinschauen: Was schluckt der technische Kanal?

Grundsätzlich gibt es ein paar Unterschiede zwischen „digitaler/virtueller" und „analoger/physischer" Kommunikation.

Die Kommunikationspsychologie kennt drei Anteile der Kommunikation, die durch den Online-Kanal unterschiedlich betroffen sind:

1. Den **paralinguistischen** Anteil:
   Geschwindigkeit, Betonung, Stimmhöhe usw.
   Diese sollten in einer technisch vermittelten Kommunikation nicht dramatisch verschieden von der nicht technisch vermittelten sein. Im Videointerview kann in der Regel immer nur eine Person reden, woraus unterschiedliche Konsequenzen für schüchterne oder dominante Personen resultieren. Schüchterne kommen eventuell nicht richtig zu Zug. Außerdem müssen beide Seiten – Unternehmen und BewerberInnen mehr Ausdruck in die eigenen Redebeiträge bringen, um lebendig und engagiert „rüberzukommen" und Begeisterung auszustrahlen.

2. Den **kinesischen** Anteil:
   Mimik, Gestik, Blickkontakt usw.
   Im Videointerview sehen wir oft nur den Kopf und einen kleinen Teil des Oberkörpers, der Rest ist unsichtbar. Hier fehlt uns also etwas, insbesondere die Gestik. Über den fehlenden Blickkontakt haben wir schon an anderer Stelle gesprochen. Insbesondere fallen uns bei den technischen Kanälen die „Micro Expressions", also winzige mimische oder gestische Ausdrucksbewegungen weg. Sie können durch den Kanal geschluckt werden, wenn wir nicht sehr genau und aufmerksam hinsehen (oder wenn die Kamera ungünstig positioniert ist).

3. Den **proxemischen** Anteil:
   Platzierung, Haltung, Distanzverhalten, Berührung usw.
   Dieser Kanal geht im virtuellen Interview fast vollständig unter, weil das Setting und die Anordnung bei Videointerviews quasi vorgegeben sind. Das können wir als Mangel erleben. Andererseits ist es aber auch gut, dass auf diese Weise der oft überbewertete Handschlag („Schraubstock" versus

„nasser Waschlappen") nicht mehr einer der Hauptauslöser für Sympathie oder Antipathie ist.

Was kann man tun, um diese gefühlten Mängel auszugleichen und zu einer gelingenden Kommunikation beizutragen?

Generell ist es ratsam, sich ausreichend Zeit zu nehmen, neben dem Fachlichen auch das „Menschliche" nicht zu vergessen sowie ausreichend Zeit für Smalltalk und Warm-up einzuplanen.

Atmosphärisch hilft es, mit einer neugierigen, interessierten Haltung in ein virtuelles Interview zu gehen und dadurch eine vertrauensvolle Atmosphäre zu schaffen.

Weil technisch vermittelte Kommunikation anstrengend ist, sollte man nicht zu lange Interviewsessions planen und auch ausreichend lange Pausen dazwischen einlegen.

Hilfreich sind auch Gesprächstechniken aus der Kommunikationspsychologie wie das „aktive Zuhören": Greifen Sie auf, was die KandidatInnen gesagt haben, fragen Sie interessiert nach, zeigen Sie nonverbal, dass Sie zuhören. Spiegeln oder verbalisieren Sie, was Sie bei der anderen Person wahrnehmen oder was Sie aus deren Äußerungen herausgehört haben.

Auch hier zeigt sich wieder die Wichtigkeit einer steuernden Instanz und Gesprächsmoderation. Außerdem sollten alle Beteiligten die Agenda samt Zeitplan kennen, um sich voll und ganz auf das Zuhören konzentrieren zu können.

Der Vollständigkeit halber noch zwei Hinweise, die Sie bereits aus den vorigen Kapiteln kennen:

1. Führen Sie mit allen KandidatInnen einer Bewerbungsrunde das virtuelle Interview und nicht nur mit einigen. Es wird ansonsten mehr als schwierig, die Gespräche und damit die BewerberInnen und ihre Eignung wirklich zu vergleichen.

2. Schließen Sie nicht von der Technik auf die anderen Skills der KandidatInnen. Technikkompetenz ist eine eigene Kompetenz, die nichts mit anderen fachlichen, persönlichen oder sozialen Kompetenzen zu tun haben muss. (Mehr über solche Urteilsverkürzungen und Beobachterfehler lernen Sie auch weiter unten noch im Kapitel 10).

Was Sie sich aus diesem Kapitel merken können:

Virtuelle Bewerbungsinterviews sind kommunikativ anders als analoge, aber nicht notwendigerweise die schlechtere Variante.

Optimieren Sie Ihren digitalen Prozess so, dass die Vorteile überwiegen. Seien Sie im virtuellen Interview insbesondere sehr aufmerksam und konzentriert, damit Ihnen möglichst wenig entgeht. Hören und schauen Sie Ihren KandidatInnen sehr gut zu und praktizieren auch das aktive Zuhören.

8. Gute Candidate Experience auch unter digitalen Bedingungen!

Die Candidate Experience ist die gesammelte Erfahrung, die BewerberInnen mit einem Unternehmen im Rahmen der Personalgewinnung machen. Eine solche Erfahrung (oder Reise – „Candidate Journey") setzt sich aus vielen einzelnen Kontaktpunkten (Touchpoints) zusammen. In jeder Phase der Personalgewinnung gibt es typische Touchpoints, an denen man als Unternehmen etwas gut oder schlecht machen kann.

Zusammengefasst kommen KandidatInnen in fünf verschiedenen Phasen mit potenziellen Arbeitgebern in Kontakt:

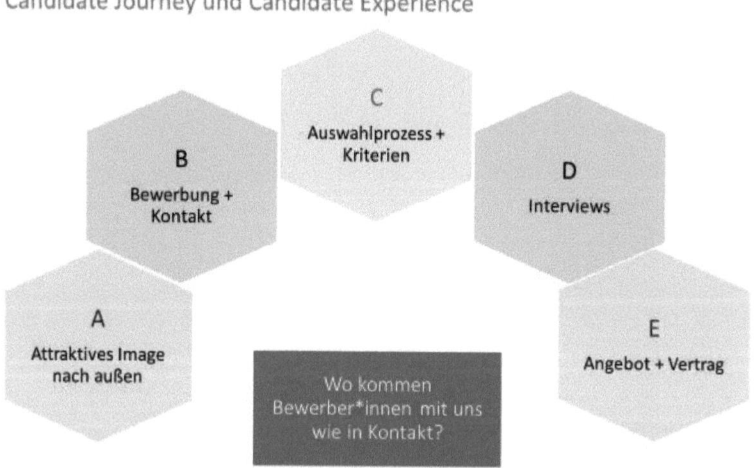

Abb. 9: Candidate Journey und Candidate Experience (eigene Darstellung)

An welchen Touchpoints treffen potenzielle BewerberInnen und potenzieller Arbeitgeber in den fünf Phasen aufeinander?

A. BewerberInnen nehmen einen potenziellen Arbeitsgeber durch die Inhalte und Funktionsweise der Karrierewebsite wahr und durch Erwähnungen in Social Media oder auf Bewertungsplattformen. Sie lesen möglicherweise etwas über den Arbeitgeber in der lokalen oder Fachpresse, kennen KollegInnen aus dem Unternehmen und erfahren so etwas über die Reputation und die Fluktuation unter den aktuellen MitarbeiterInnen.

   Wenn die potenziellen KandidatInnen auf Stellensuche sind, sehen Sie, wie das Unternehmen auf Jobportalen, in Suchmaschinen oder durch die Texte der Stellenanzeigen repräsentiert wird.

B. Wenn BewerberInnen sich für eine Bewerbung entscheiden, kommen Sie mit dem Unternehmen in Kontakt: bspw. über das Bewerbungstool oder die Bewerbermanagementsoftware, durch mehr oder weniger schnelle und mehr oder weniger persönliche, schriftliche, elektronische oder telefonische Kommunikation.

C. Die Bewerbenden empfinden bei der Terminfindung Augenhöhe oder nicht, finden den Auswahlprozess transparent oder undurchsichtig, haben mehr oder weniger Verständnis für die angewendeten Auswahlkriterien und finden das Auswahlprozedere oder die Auswahlinstrumente angemessen oder nicht.

D. Vor dem Interview bekommen KandidatInnen transparente und ausreichende oder nur ein Minimum an Vorinformation und fühlen sich mehr oder weniger herzlich empfangen.

   Im Interview erleben sie ein professionelles oder unprofessionelles Team von Interviewenden und empfinden das Gespräch als strukturiert, respektvoll und wertschätzend oder als respektlos und unstrukturiert. Ihnen wird entweder gut zugehört und nachgefragt oder nicht. Sie beobachten den Umgang der Interviewenden miteinander, ärgern sich über unzulässige Fragen – oder nicht – und kommen mehr oder weniger angemessen zu Wort.

E. Nach dem Interview erleben KandidatInnen die Nachbereitung des Gespräches als zügig, interessiert und verlässlich oder als schleppend oder komplett fehlend. Bei einem Vertragsangebot bewerten sie die Inhalte und die Attraktivität des Angebotes im Vergleich zu denen von alternativen

Arbeitgebern, ebenso wie sie die Qualität der angebotenen Einarbeitung und das in Aussicht gestellte Onboarding beurteilen.

Diejenigen, die kein Vertragsangebot bekommen, beurteilen, wie wertschätzend sie behandelt wurden, ob sie hilfreiches Feedback erhalten haben, wie positiv der Kontakt insgesamt war und ob sie bspw. als Zweit- oder Drittplatzierte für spätere Vakanzen berücksichtigt werden sollen.

Das Interview ist einer der relevantesten Touchpoints im gesamten Prozess, weil die BewerberInnen hier einen aus ihrer Sicht repräsentativen Ausschnitt des künftigen Arbeitgebers erleben. Man sollte sich als InterviewerIn dieser repräsentativen Rolle sehr bewusst sein.

Es lohnt sich zu überprüfen, wie der gesamte Prozess von den BewerberInnen wahrgenommen wird: Wird er als transparent, wertschätzend, informativ und akzeptabel empfunden oder als das genaue Gegenteil?

Im Grunde können Sie alle Touchpoints der Candidate Experience nutzen, um einen guten Eindruck auf potenzielle MitarbeiterInnen zu machen (die mit ihren FachkollegInnen oder FreundInnen über die Erfahrung mit diesem Arbeitgeber sprechen und sich auf Arbeitgeberbewertungsportalen wie *Kununu* oder *Glassdoor* äußern). Insbesondere, wenn Sie erfahrene BewerberInnen oder ExpertInnen suchen, sollten Sie damit rechnen, dass diese eine gewisse Erwartung an die Behandlung im Interview haben. Gerade ExpertInnen suchen professionelle Autonomie und eine ausreichende Informationsgrundlage für die eigene Entscheidung. Vor allem wollen sie als PartnerInnen ernst genommen werden. Aber auch BerufsanfängerInnen haben klare Vorstellungen davon, wie sie im Recruitingprozess gerne behandelt werden möchten.

Sie haben im Kapitel über den Interviewleitfaden schon erfahren, wie man ein virtuelles Interview gut steuert.

Im Hinblick auf eine möglichst positive Candidate Experience seien allen Interviewenden speziell für das Interview noch die folgenden Punkte ans Herz gelegt:

- Erkennbare Rollenverteilung und Gesprächsstruktur mit partnerschaftlicher Atmosphäre (interessiert, nicht arrogant, nicht jovial), keine unzulässigen oder unnötigen Stressfragen.

- Vorbereitete virtuelle Räumlichkeiten, funktionierende Technik, vorbereitete InterviewerInnen (Unterlagen, Informationen), pünktlich beginnen und enden.
- Menschliches mit integrieren, Teamkontakt herstellen, als Führungskraft persönlich erkennbar werden, als Auswahlteam kooperativ und freundlich miteinander umgehen.
- Den BewerberInnen ausreichende Vorinformationen geben, sie im Interview ausreichend zu Wort kommen lassen und ihre wichtigsten Fragen klären.
- Den „Werbeblock" hinsichtlich Stelle und Unternehmen überzeugend und individuell auf die jeweiligen BewerberInnen persönlich ausrichten.
- Eventuell zusätzliche Eignungsdiagnostik nutzen, um die Entscheidung gut abzusichern.
- Den BewerberInnen einen Cultural Fit Test und ein aussagekräftiges Recruitingvideo (oder ein ganzes „Recruiting Kit") anbieten, damit sie ihre eigene Entscheidung für den Arbeitgeber ebenso gut absichern können wie das suchende Unternehmen.

Was Sie sich aus diesem Kapitel merken können:

BewerberInnen machen sich anhand ihrer Erfahrungen an den verschiedenen Touchpoints ein Bild von ihrem zukünftigen Arbeitgeber. Das Interview ist dabei einer der relevantesten Touchpoints.

Schauen Sie sich Ihre Candidate Journey aus der Sicht der Bewerbenden an und nutzen Sie jeden Touchpoint als Gelegenheit, einen guten Eindruck zu machen. Insbesondere im Interview können Sie sehr vieles richtig machen.

9. Der Werbeblock muss passen!

Punkt fünf im Interviewleitfaden (Kapitel 5) ist das Thema „Die Stelle und das Unternehmen verkaufen“.

Dieses Thema beinhaltet mehrere Unterpunkte: das Unternehmen, die Stelle, die Führungskraft und das Team verkaufen.

Es geht um pragmatisches Employer Branding, um geeignete BewerberInnen von sich als Unternehmen zu überzeugen. Gute KandidatInnen haben häufig die Wahl zwischen verschiedenen Arbeitgebern, daher sollte man Ihnen etwas Gutes anbieten können.

Aus den vier Quadranten in der folgenden Abbildung können Sie für Ihre KandidatInnen ausgewählte positive und vor allem wahre Aspekte von Unternehmen und ausgeschriebener Stelle herausstellen:

Abb. 10: Das Unternehmen verkaufen (eigene Darstellung)

Zu den vier Feldern aus der Abbildung im Folgenden jeweils einige Gedanken:

Wer sind wir:
Häufig sind die Interviewenden recht gut darin, Zahlen, Daten, Fakten („ZDF"), Stories, Produkte, Kunden, Kennzahlen usw. „herunterzubeten". Dabei sollte man die ZuhörerInnen nicht mit zu vielen Details und Zahlen überfordern, sondern einige besondere, einzigartige, griffige, bildhaft vorstellbare Aspekte herausgreifen.

Wie sind wir:
Kultur und Werte eines Arbeitgebers sind für die Bewerbenden wichtige Entscheidungsaspekte, sie kommen aber in Interviews oft zu kurz. Welche Werte des Unternehmens (wie beispielsweise Kreativität, Qualität, Humor, Partnerschaftlichkeit, Sparsamkeit, Innovation, Nachhaltigkeit, Transparenz, Familienorientierung o.ä.) können Sie überzeugend und mit praktischen Beweisen herausstellen? Welche Werte erleben Sie selbst als wichtig und „gelebt"?

Was bieten wir:
Häufig wird im Interview die gesamte Litanei an Benefits und Annehmlichkeiten, die das Unternehmen bietet, heruntergebetet. Es ist gut, als InterviewerIn alle Benefits zu kennen. Im Interview ist es aber sinnvoller, nur eine Auswahl zu präsentierten, die auf **diese** Person zugeschnitten ist und sie besonders interessieren und erfreuen könnte. Je individuell attraktiver die dargestellten Benefits sind, desto wirksamer die Vorstellung.

Wie treten wir auf:
BewerberInnen interessiert es, wie die künftigen KollegInnen auftreten, wie die Büros oder verwendete Materialien (Corporate Design, Corporate Identity) ausschauen, welche Kleiderordnung üblich ist und welches Auftreten von ihnen persönlich erwartet wird. Schildern oder zeigen Sie ihnen also ein interessantes, realistisches und positives Bild, woran man die Organisation erkennt.

Was Sie sich aus diesem Kapitel merken können:

BewerberInnen sind unterschiedliche Persönlichkeiten, die sich von verschiedenen Dingen motivieren lassen. Wenn sie eine Wahl haben, wählen sie den für sie passendsten Arbeitgeber aus.

Nutzen Sie das Interview, den KandidatInnen etwas **individuell** Erfreuliches mitzugeben. Bereiten Sie Ihren eigenen Werbeblock vor: Nutzen Sie die vier Quadranten in der Abbildung oben, sammeln Sie, was Ihr Unternehmen anbietet und präsentieren Sie Ihren BewerberInnen die jeweils persönlich passenden Highlights zu Unternehmen, Stelle, Team und Führungskraft.

10. Und jetzt soll ich nach so einem Video entscheiden? – Was tun, wenn die „Chemie“ fehlt?

Was ist es eigentlich, was uns Menschen fehlt, wenn wir digital statt analog kommunizieren? Sie haben im Kapitel 7 schon gelesen, welche Anteile der Kommunikation in virtuellen Interviews anders sind als in analogen.

Manche nennen das Fehlende „Chemie“. Zur Chemie kann das Bauchgefühl gehören, eine gewisse Intuition, die gefühlte Sympathie, die wahrgenommene Körperhaltung, der Gesichtsausdruck, der Blickkontakt, die Kleidung, die Micro-Expressions, die vermeintliche Ähnlichkeit mit anderen KollegInnen oder Bekannten, ein spezieller „Stallgeruch“, der wahrgenommene oder vermutete Team-Fit und vieles mehr. Es handelt sich also um eine Mischung aus Ahnungen, Gefühlen, Reaktionen auf Details und oft unbewussten Schlussfolgerungen.

Beginnen wir mit dem Team- oder Unternehmens-Fit.
Wer passt denn eigentlich ins Team?

- Ist das jemand, der/die ist, wie alle anderen und die Harmonie nicht stört? Oder der Führungskraft in vielerlei Hinsicht ähnelt? Jemand, der/die sich gut integriert?
- Oder ist es eine Person, die Elan und neue Aspekte ins Team bringt, ein wenig unterschiedlich zu den KollegInnen ist und so die anderen komplementär ergänzt?
- Oder ist es jemand, der/die ganz anders als das bisherige Team sein sollte, weil neue oder andere Kompetenzen gefragt sind, weil die Aufgaben sehr heterogen sind oder weil verschiedene Kunden oder verschiedene Aufgaben auch verschiedene Ansprechpartner brauchen? Ist es eine Person, die die anderen herausfordert und das Team nach vorne bringt?

Wenn wir Menschen Entscheidungen fällen, sind diese oft nicht „mathematisch korrekt“, sondern wir benutzen Abkürzungen, Schubladen und Schnellurteile, die allerdings oft fehlerbehaftet sind (sogenannte Urteilsverzerrungen, Beobachterfehler oder „Cognitive Biases“).

Einige typische Schubladen, die beim Kontakt mit BewerberInnen aufgehen können:

- *„Gleiches Hobby“: BewerberIn wird uns sympathischer.*
- *„Heimatdorf“: polarisiert uns (entweder „super“ oder „geht gar nicht“).*
- *„Glitzernägel“: verwirren uns, z.B. bei einer Wissenschaftlerin, die wir uns eher dezent gekleidet vorstellen.*
- *„Smalltalk in Wartephasen oder vor dem Interview-Start“: öffnet gleich eine sympathisch-unsympathisch-Schublade.*
- *„Dialekt“: Je nach Dialekt erscheint uns die gleiche Äußerung unterschiedlich sympathisch oder unterschiedlich intelligent.*
- *„Händedruck“: Seit der COVID 19-Pandemie werden deutlich weniger Hände geschüttelt, aber falls doch, wird vom Händedruck auf die gesamte Persönlichkeit geschlossen.*

Solche Schubladen haben oft mehr mit der eigenen Erfahrung und den eigenen Vorlieben als mit den konkreten BewerberInnen und den Anforderungen der Stelle zu tun. Im Allgemeinen denken alle Menschen auf selbstdienliche Weise, dass sie ein etwas besseres Urteilsvermögen haben als andere Menschen. Wir trauen häufig unserem ersten Eindruck und suchen dann gezielt Beweise, um ihn nach und nach zu bestätigen.
Dass der erste Eindruck in ungefähr der Hälfte der Fälle zutrifft oder nicht, können Sie vielleicht nachvollziehen, wenn Sie sich erinnern, wer Ihnen zum Beispiel im Bekanntenkreis, in einem Arbeitsteam, einer Schulklasse oder einer Sportmannschaft spontan am Anfang am besten gefallen hat und wer Ihnen später, nachdem man sich besser kennt, am besten gefällt. Manchmal stimmt das Schnellurteil, genauso oft stimmt es nicht. Anstelle des Bauchgefühls beim ersten Eindruck könnten wir also auch eine Münze werden.

Wenn wir nun im Zusammenhang mit Interviews über Chemie reden, müssen wir auch typische Urteilsverzerrungen, Schubladen und Bauchgefühle mit betrachten.

Ausgewählte Fallstricke bei Personalentscheidungen sehen Sie in der folgenden Abbildung. Im Anschluss wird beispielhaft erläutert, was bei diesen Fallstricken mental oder emotional passiert.

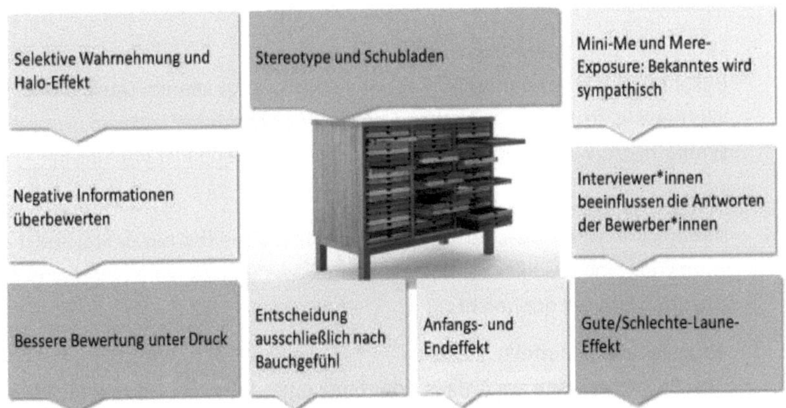

Abb. 11: Fallstricke, Biases, Urteilsfehler (eigene Darstellung)

- Selektive Wahrnehmung und Halo-Effekt:
  Ein Merkmal überstrahlt alle anderen. Wir betrachten alles im Lichte guter/schlechter Kommunikation oder eleganter/schlampiger Kleidung.
- Negative Informationen überbewerten:
  Wir merken uns die Misserfolge oder Abbrüche von KandidatInnen besser als ihre Erfolge oder Abschlüsse.

- Bessere Bewertung unter Druck:
  Wenn die Vakanz dringend ist, reden wir uns BewerberInnen schön und machen zu viele Abstriche bei der Personalqualität.
- Entscheidung ausschließlich nach Bauchgefühl:
  Kleidungsdetails oder Merkmale im Aussehen, Gewohnheiten oder bestimmte Äußerungen der KandidatInnen, die mit dem Job nichts zu tun haben, leiten unsere Entscheidung.
- Interviewer beeinflussen die Antworten der BewerberInnen:
  Wir nehmen unsympathische KandidatInnen besonders in die Zange und helfen den sympathischen – manchmal legen wir ihnen die Antworten geradezu in den Mund.
- "Mini-Me" und "Mere-Exposure":
  Bekanntes wird sympathisch: Was wir von uns selbst kennen (Ausbildung, Uni, Werdegang, frühere Arbeitgeber, Hobbies) finden wir bei anderen besonders sympathisch. Wir stellen sogar manchmal gerne Ebenbilder von uns ein.
- Stereotype und Schubladen:
  Nationalität, Alter, Geschlecht, Hobby, Berufsgruppe (bis hin zu Sternzeichen) – am Ende sind das alles Schubladen, deren Merkmal für eine einzelne Person zutreffen können oder nicht.
- Anfangs- und Endeffekt:
  Was BewerberInnen am Anfang oder Ende eines Kontaktes sagen, bleibt besonders hängen.
- Gute/schlechte-Laune-Effekt (beim Interviewenden):
  An manchen Tagen mögen wir alle BewerberInnen, an anderen Tagen keine/n.

Für manche Schubladen sind wir nicht anfällig, für andere umso mehr. Reflektieren Sie kurz: Wie ist das bei Ihnen?

- Welche Schublade ist bei Ihnen „im grünen Bereich", also nicht gefährlich für Ihr Urteilsvermögen?
- Bei welcher Schublade sollten Sie aufpassen, weil sie – „gelbes Signal" – Ihnen manchmal gefährlich wird?
- Und welche Schubladen – „Achtung, rot!" – gehen bei Ihnen zu unreflektiert auf und können Ihr Urteilsvermögen einschränken?

Sind wir nun unseren Schubladen und unseren „chemischen" Urteilen hilflos ausgesetzt? – Nein, es gibt Wege, mit überlegten, systematischen und langsameren Denkstrategien bessere Urteile zu fällen als mit alarmgetriebenen, hektischen Schnellurteilen. Beim langsamen und überlegten Denken helfen viele der in diesem Buch schon beschriebenen Strategien und Werkzeuge:

- Die Ausrichtung an den Musskriterien bewahrt uns davor, für die Stelle an sich unwichtige, persönliche Aspekte überzubewerten.
- Wenn alle BewerberInnen systematisch anhand der Musskriterien als A-, B- oder C-KandidatIn gescreent werden, muss man ein diffuses Bauchgefühl besser begründen.
- Ein systematischer und gut strukturierter Auswahlprozess von Screening, und vorgelagertem Video- oder TelefonInterview über strukturierte analoge oder Videointerviews bis hin zu Arbeitsproben und Eignungsdiagnostik zwingt uns genau hinzuschauen und stellt damit unsere Schubladen-Urteile auf die Probe.
- Mehrere BeurteilerInnen, verschiedene Verfahren, mehrfache Quellen und Belege für jede Kompetenz, der zusätzliche Einsatz von Case Studies oder praktischen Übungen sichern persönlich gefärbte Urteile ab.
- Selbstreflexion als InterviewerIn hilft dabei, nicht einfach ungeprüft dem eigenen Schubladendenken zu erliegen.
- Wenn BewerberInnen einmal in einer Ihrer Schubladen gelandet sind, lassen Sie diese sprichwörtlich offen und prüfen Sie genau, ob das spontane Urteil auch stimmt.

- Es hilft, Urteile über BewerberInnen als Hypothesen zu betrachten und systematisch Belege oder Beweise für oder gegen die eigene Hypothese zu suchen.
- Personalauswahl sollte auf der Basis profunder und systematischer Überlegungen stattfinden – und nicht auf der Basis von alarmgetriebenen Schnellurteilen. Personalurteile sind wichtige und langfristig bedeutsame Entscheidungen. Wählen Sie also sorgfältig und professionell aus.

Die gleiche Chemie, die Ihnen im Rahmen einer digitalen Personalauswahl fehlt, fehlt übrigens auch den BewerberInnen! Damit auch diese ein gutes und abgesichertes Bauchgefühl bekommen, können Sie Ihnen den schon erwähnten Culture Check oder Culture Fit-Test anbieten, sie können ein virtuelles oder analoges Kennenlernen des Teams organisieren, Sie können Details aus dem Arbeitsalltag im Hinblick auf die Unternehmenskultur beschreiben, Sie können eine Hospitation anbieten, ein umfangreiches Recruitingvideo zeigen, einen Paten für einen ersten informellen Austausch anbieten oder Benefits-Broschüren und aussagekräftige Materialen zur Verfügung stellen. Und sie können den Bewerbungsprozess selbst möglichst professionell und überzeugend – quasi als Beweis für Sie als guten Arbeitgeber – durchführen.

Was Sie sich aus diesem Kapitel merken können:

Cognitive Biases und Schnellurteile sind menschliche Rektionen, die ausgelöst werden können, wenn schnell und spontan – quasi unter Alarm – entschieden wird. Sie sind nützlich, um in Gefahrensituationen schnell reagieren zu können. Bei der Personalauswahl führen solche Schubladen und Pseudo-Gewissheiten aber eher zu verzerrten Urteilen, die den einzelnen KandidatInnen nicht gerecht werden. Auf der Chemieebene lehnen wir dann BewerberInnen ab oder bevorzugen sie aufgrund von Merkmalen, die mit einer erfolgreichen Besetzung der Stelle wenig oder gar nichts zu tun haben.

Vergegenwärtigen Sie sich Ihre eigenen Schubladen und wirken Sie solchen entgegen, die die Qualität Ihres Recruitings verschlechtern können.
Personalauswahl ist keine Gefahrensituation. Überlegte, kriterienorientierte Urteile führen zu besserer Personalqualität im Auswahlprozess.
Überlegen Sie, woran Sie den Team-Fit („passt ins Team“) festmachen und überprüfen dann diese sozialen und persönlichen Kompetenzen bei Ihren KandidatInnen.

11. Nach dem Interview muss es weiter gehen!

Die Candidate Experience hört selbstverständlich nach einem virtuellen Interview nicht auf, weil es auch danach noch mehrere Touchpoints gibt, die die KandidatInnen in ihrer Entscheidung beeinflussen können

Ein wichtiger Faktor ist die Reaktionsschnelligkeit. KandidatInnen erwarten in der Regel nach spätestens ein bis zwei Wochen ein Feedback, ob und wie es weitergeht.

KandidatInnen prüfen auch, ob Versprochenes gehalten wird: Melden Sie sich bei Ihnen, wie angekündigt? Enthält das Vertragsangebot alle besprochenen Bedingungen? Spiegelt der Onboardingplan das im Interview Geschilderte wider? Werden weiter in der Zukunft liegende Versprechungen in einen Personalentwicklungsplan überführt?

Ein paar digitale und analoge Beispiele für gute Nachbereitung aus der Praxis:

- Die Recruitingabteilung verschickt nach dem Interview interessante Info-Nuggets (Minivideos zu Benefits, Karriere, Personalentwicklung, Laufbahnplanung, zur technischen Ausstattung usw.) an die BewerberInnen.
- Die Führungskräfte halten den Kontakt zu den ausgewählten KandidatInnen und pflegen die Beziehung bis zum Arbeitsbeginn.
- Unternehmen organisieren Paten oder „Buddys“, die für die alltäglichen Fragen und Anliegen vor oder während des Arbeitsbeginns auftauchen.
- Der bereits im Vorfeld verschickte Onboardingplan startet mit kleinen wertschätzenden Aktionen – schon vor dem Vertragsbeginn.
- KandidatInnen werden zum „Digital Drink“, zu „Online Office-Sports“ oder zum „Town Hall-Meeting“ eingeladen.
- Die Neuen werden bei einem kleinen Outdoorevent (Gartenparty, Picknick im Park) begrüßt.
- Die Führungskraft steht im Chat für alle auftauchende Anliegen und Fragen der potenziellen neuen MitarbeiterInnen bereit.

Was Sie sich aus diesem Kapitel merken können:

In der Zeit zwischen Interview, Vertragsunterschrift und Arbeitsbeginn („Pre-Boarding“) werden wichtige Weichen für die künftige Zusammenarbeit gestellt.

Gestalten Sie den Prozess so, dass er zur positiven Candidate Experience beiträgt. Auch Pre- und Onboarding lassen sich virtuell organisieren. Sie legen damit die Grundlage für eine produktive Arbeitsbeziehung.

12. Unter welchen Bedingungen digital sogar besser sein kann...

Bis hierhin konnte man sehen, dass virtuelle Prozesse mit ganz eigenen Herausforderungen verbunden sind. Aber sie bieten auch eine Vielzahl von Chancen, die Qualität der Personalauswahl zu professionalisieren und sie effizienter und besser zu machen.

In vielen Organisationen führt die Digitalisierung dazu, eingerostete, oft ineffiziente, nicht mehr zeitgemäße Prozesse unter die Lupe zu nehmen und zu professionalisieren. Oft verabschiedet man sich in diesem Prozess von alten Zöpfen, führt gute neue Tools und systematische neue Prozessschritte ein, definiert die Rollen der Beteiligten eindeutiger und überprüft die eigenen Tätigkeiten anhand von passenden Recruitingkennzahlen.

Einerseits wird dabei oft die zeitliche Effizienz gesteigert (schnellere Antwortzeiten auf Bewerbungen, kürzere Zeit bis zum Interviewtermin und bis zur späteren Einstellung, bessere Nutzung der Arbeitszeit von HR-Abteilung und Führungskräften) und andererseits auch die inhaltliche Qualität der Entscheidungen (genauere Definition der Anforderungen, systematischere Entscheidungen, bessere Personalauswahlqualität, bessere Passung und Beurteilung in und nach der Probezeit).

Gängige Schubladen und Stereotype haben es schwerer, wenn ein gut definierter Prozess von den Musskriterien über CV-Parsing (automatisierter Abgleich von Unterlagen mit definierten Musskriterien), systematisches ABC-Screening, einen strukturierten Interviewleitfaden mit professioneller Fragtechnik bis hin zu einer durch die Musskriterien geleiteten Entscheidungsfindung durchlaufen wird.

Durch die Digitalisierung der Interviews können aber auch andere Schubladen neu hinzukommen: Man schließt vom nicht vorhandenen Blickkontakt auf mangelnde soziale Kompetenzen oder Introvertiertheit von KandidatInnen. Man glaubt, dass die mangelnde Technikkompetenz von KandidatIn X auch auf anderen Gebieten zu Pannen führen kann. Man schließt aus einer zusammenbrechenden Internetleitung auf schlechte Vorbereitung und mangelnde Motivation von KandidatInnen.

Zusammengefasst wird digital dann besser als analog sein, wenn gleichzeitig der Auswahlprozess, die verwendeten Tools und die beteiligten Rollen genau analysiert und eventuell modernisiert werden.

Was Sie sich aus diesem Kapitel merken können:

Die Einführung virtueller Interviews wird häufig von nützlichen flankierenden Maßnahmen der Digitalisierung begleitet.

Nutzen Sie die neuen Prozesse und Tools, um sich von ungeliebten und unproduktiven Prozessschleifen und überholten Rollen zu verabschieden. Denken Sie den Prozess von der Kundenseite aus: Was erwarten geeignete KandidatInnen heute und wie wollen sie behandelt werden?

13. Ein Ausblick: Was passiert noch so alles im Recruiting?

Nachdem die Digitalisierung in vielen deutschen Unternehmen und ihren HR- und Personalabteilungen lange Zeit eher zögerlich Einzug gehalten hat, gewann sie zwischenzeitlich deutlich an Fahrt. Neben vielen anderen Gründen war und ist dafür auch die COVID 19-Pandemie mit verantwortlich.

Als Ziele von Digitalisierungsprozessen werden schnellere Prozesse (bei Screening, Kontakt und Feedback an die KandidatInnen), bessere Personalentscheidungen (qualitativ hochwertigere, weniger verzerrte, objektivierte Auswahl) sowie Kosteneinsparungen (weniger Einsatz von Personalkapazität) genannt.

Der Markt für Recruiting-Apps, für Tools zum Robot Recruiting, für Software für Videokonferenzen, vorgelagerte Video-Interviews und CV-Parsing, für Sprachanalyse-Tools, für lernende Chatbots und für die Anwendung von Algorithmen bei der Auswahl entwickelt sich rasant.

Die digitalen Tools lassen sich grob in vier Kategorien zusammenfassen:

1. BewerberInnen-Kommunikation:
   zum Beispiel Uploadmöglichkeiten für Bewerbungsunterlagen, automatisierte BewerberInnenkorrespondenz, Umsetzung des Datenschutzes, Terminmanagement durch Scheduling-Tools, die Beantwortung von BewerberInnenfragen durch Chatbots oder automatisiertes Löschen von Unterlagen.

2. BewerberInnen-Suche im Netz:
   zum Beispiel automatisierte Suche in Social Media oder auf Plattformen, Matching-Apps nach dem Tinderprinzip, digitale Empfehlungsprogramme (Mitarbeiter werben Mitarbeiter) oder Nutzung von Algorithmen für die Suche anhand von Musskriterien.

3. Automatisierte Vorauswahl von KandidatInnen:
   zum Beispiel Aufzeichnung und Transkription von Sprachnachrichten, automatisierter Abgleich von BewerberInnenbiografien oder -unterlagen mit Musskriterien, Analyse des digitalen Fußabdrucks oder Nutzung von Sprach- und Videoanalyse sowie von Textanalyse in SMS-Korrespondenzen.

4. Automatisierte Auswahl von KandidatInnen:
   zum Beispiel E-Assessments und Online-Tests, Mustererkennung in maschinell geführten (Vor-)Interviews oder Cultural-Fit-Matching.

Was Sie sich aus diesem Kapitel merken können:

Der Markt für digitale HR-Tools, Personalprozesse und Recruiting-Apps entwickelt sich rasant. Nahezu monatlich kommen neue, interessante Applikationen auf den Markt und ergänzen die großen HR-Softwarepakete.

Behalten Sie die Entwicklungen im Auge, lesen Sie Recruiting-Blogs und Newsletters. Sichten sie, was zu den digitalen Prozessen und den Bedürfnissen Ihrer Organisation bezüglich der Personalauswahl passen könnte.
Starten Sie ggf. mit kleineren Pilotprojekten, um neue Entwicklungen zu testen.
Kaufen oder abonnieren Sie teure Soft- und Hardware erst dann, wenn Sie Ihren Bedarf und Ihre Prozesse genau definiert haben.

Anhang

Checkliste für die Abstimmung der Musskriterien

1. Top-Down-Brille

   Welche Team-Ziele muss die Position (mit)erfüllen?

2. Bottom-Up-Brille

   Welche Critical Incidents sind im Arbeitsalltag der Position zu bewältigen?

3. Musskriterien

   Fachlich

   Methodisch

   Persönlich

   Sozial

4. Wer passt ins Team?

Weiterführende Literatur

Beck-Texte-im-dtv (2017). ArbG Arbeitsgesetze. 91. Auflage. München: Beck.

Dahm, M., Dregger, A. (2018). Künstliche Intelligenz im Bewerbungsprozess. Verfügbar unter: https://www.personal-wirtschaft.de/recrulting/artikel/kuenstliche-intelligenz-im-bewerbungsprozess.html (Zugriff am 24.11.2019).

Diercks, N. (2018). Recruiting und Personalauswahlverfahren unter DSGVO und BDSG, verfügbar unter https://www.arbeit-und-arbeitsrecht.de/fachmagazin/fachartikel/recruiting-und-personalauswahl.html (Zugriff am 4.11.2019).

Erpenbeck, J., von Rosenstiel, L. (Hrsg.) (2007). Handbuch Kompetenzmessung. Erkennen, verstehen und bewerten von Kompetenzen in der betrieblichen, pädagogischen und psychologischen Praxis. Vorbemerkung S. XI. 2. überarbeitete und erweiterte Auflage. Stuttgart: Schäffer-Poeschel.

Fliegen, I. (2020). Crashkurs Recruiting. Personalbeschaffung und -auswahl. 2. überarbeitete und erweiterte Auflage. Freiburg: Haufe-Lexware.

Hurrelmann, K., Köcher, R., Sommer, M. für McDonald's Deutschland Inc. (2015). (Hrsg.). Die McDonald's Ausbildungsstudie 2015. https://karriere.mcdonalds.de/docroot/jobboerse-mcd-career-blossom/assets/documents/McD_Ausbildungsstudie_2015.pdf (Zugriff am 02.12.2017).

Jäger, W. (2018). Recruiting 4.0: Ersetzen Roboter künftig zunehmend Personalentscheider? Wirtschaftspsychologie aktuell 3/2018, 48-52.

Kanning, U. P. (2016). Einstellungsinterviews in der Praxis. Report Psychologie, 41 (11-12), 442-450.

Kanning, U. P., Wörmann, J. (2018). Ist es sinnvoll, Freizeitaktivitäten in der Personalauswahl zu berücksichtigen? report psychologie 43, 02-2018, 58-66.

Kanning, U.P., Wördekemper, D. (2019). Fotos bei Bewerbungen: Auch viel Erfahrung schützt nicht vor Urteilsfehlern. Wirtschaftspsychologie aktuell 3/2019, 13-16.

Kersting, M. (2008): Qualität in der Diagnostik und Personalauswahl – der DIN-Ansatz. Göttingen: Hogrefe.

Koch, A., Westhoff, K. (2012). Task-Analysis Tools (TAToo). Schritt für Schritt Unterstützung zur erfolgreichen Anforderungsanalyse. Lengerich: Pabst.

Schuler, H. (2002). Das Einstellungsinterview. Göttingen: Hogrefe.

Schuler, H. (2014). Psychologische Personalauswahl: Eignungsdiagnostik für Personalentscheidungen und Berufsberatung (4. Auflage). Göttingen: Hogrefe.

Schuler, H., Funke, U. (1993). Diagnose beruflicher Eignung und Leistung. In: Schuler, H. (Hrsg.). Lehrbuch Organisationspsychologie, 235-283. Bern: Huber.

Schuler, H., Mussel, P. (2016). Einstellungsinterviews vorbereiten und durchführen. Praxis der Personalpsychologie Band 32. Göttingen: Hogrefe.

softgarden in Kooperation mit Esch (2017). Bewerbungsverfahren und Markenwahrnehmung. Studie zum Download. https://www.softgarden.de/ressourcen/whitepaper/bewerbungsverfahren-markenwahrnehmung-2/ (Zugriff am 21.08.2017).

Trost, A. (2009). Employer Branding. In: A. Trost (Hrsg.). Employer Branding. Arbeitgeber positionieren und präsentieren. Köln: Wolters Kluwer Luchterhand.

Ullah, R. Witt, M., Ortner, T., Hawliczek, J. (2017). Erfolgsfaktor Sourcing – Such- und Ansprachestrategien im World Wide Web. Stuttgart: Schäffer Poeschel.

Verhoeven, T. (2019). Digitalisierung: Mehr Wirkungsorientierung im Recruiting gefragt. Wirtschaftspsychologie aktuell, 2/2019, 21-26.

Volk, H. (2017). Wer kriegt den Job? Oft entscheidet das Bauchgefühl. Interview mit U.P. Kanning. http://derstandard.at/2000053521352/Wer-kriegt-den-Job-Oft-entscheidet-das-Bauchgefuehl (Zugriff am 07.03.2017).

Wald, P.M., Athanas, C. (2019). Recruiting – eine Disziplin zwischen Digitalisierung und Akzeptanz. Wirtschaftspsychologie aktuell, 1/2019, 53-56.

Westhoff, K. (2009). Eignungsinterview – Das Entscheidungsorientierte Gespräch (EOG) als Werkzeugkasten. Report Psychologie, 34, 258-271.

Die Autorin

Dr. Ina Fliegen ist promovierte Psychologin und ausgewiesene Recruiting-Expertin.

Als langjährige Personalleiterin und HR-Chefin hat sie Fach- und Führungspositionen in den unterschiedlichsten Branchen erfolgreich besetzt.

Heute gibt sie ihre Erfahrungen als Trainerin und Coach an alle weiter, die professionell Personal auswählen und entwickeln wollen.

Printed by Books on Demand GmbH, Norderstedt / Germany